AF261856
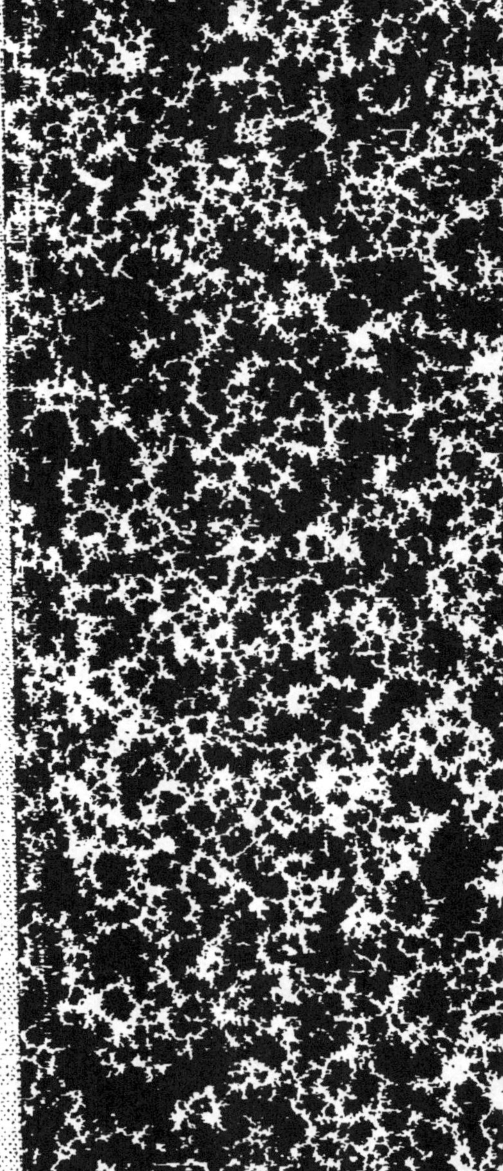

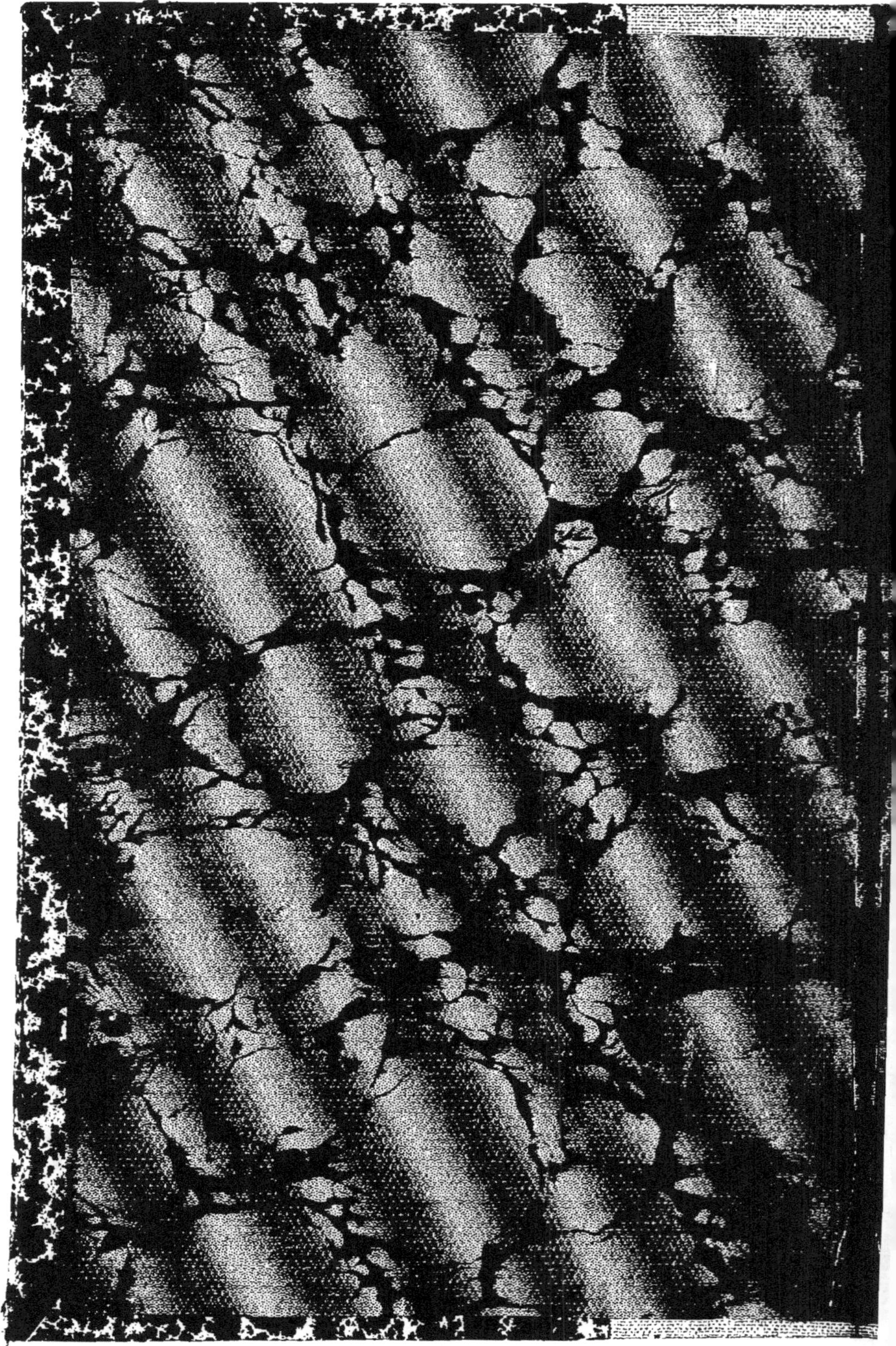

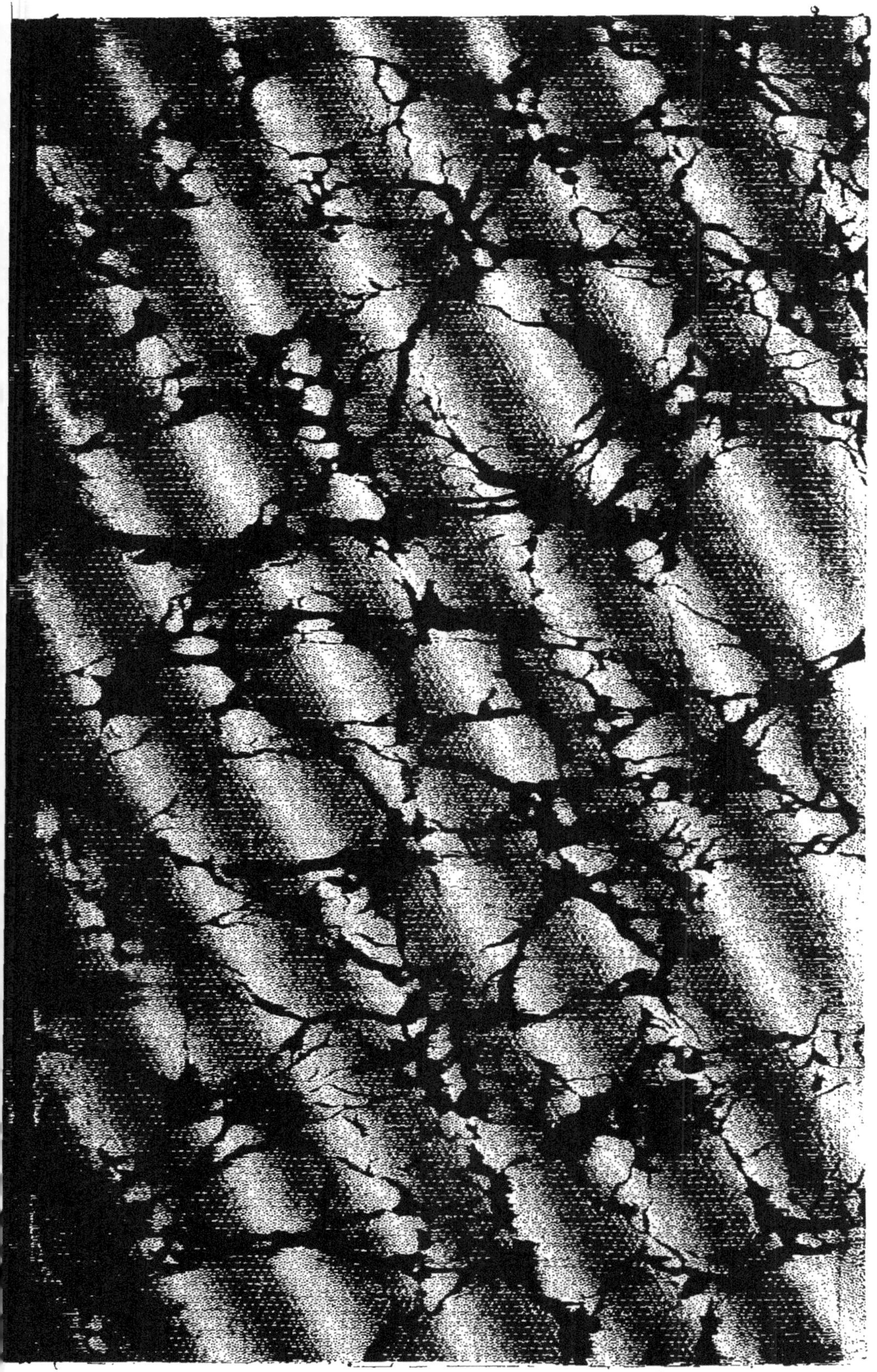

DE PONTCHEVRON

MADEMOISELLE DE FOIX

ET SA CORRESPONDANCE

PARIS

JOSEPH ALBANEL, LIBRAIRE

15, RUE DE TOURNON, 15

MDCCCLXVII

MADEMOISELLE DE FOIX

ET SA CORRESPONDANCE

PROPRIÉTÉ

MADEMOISELLE DE FOIX

ET SA CORRESPONDANCE

PAR

M. L'ABBÉ DE PONTCHEVRON

Auteur de la vie de Mgr de Belzunce, évêque de Marseille.

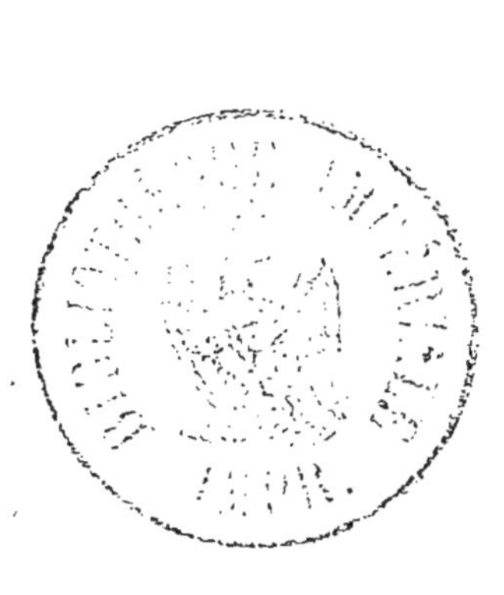

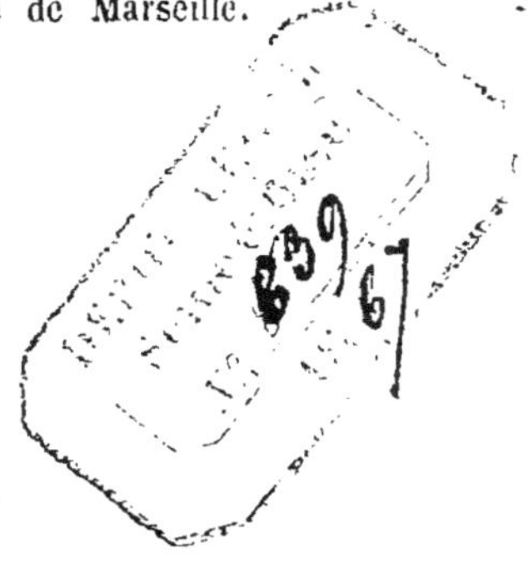

PARIS

JOSEPH ALBANEL, LIBRAIRE

15, RUE DE TOURNON, 15

—

1867

PRÉFACE

L'un des traits les plus frappants du règne de Louis XIV est sans contredit le nombre considérable d'hommes éminents dans tous les genres qu'il produisit et qui ont contribué, avec la grandeur personnelle du monarque, à lui imprimer un caractère d'immortalité.

Ce règne mémorable ne fut pas moins fécond en femmes célèbres à tous les titres, qui en relevèrent aussi l'éclat et la splendeur. Parmi ces femmes illustres, dont l'histoire a conservé les noms, les plus dignes d'admiration furent sans doute celles qui, dans les plus hauts rangs de la société, se distinguèrent surtout par l'héroïsme de la vertu et le génie de la bienfaisance chrétienne. De ce nombre fut Mlle de Foix de Candale, princesse de la Teste de Buch, dont nous publions la vie.

Esprit supérieur, distinction et agréments extérieurs remarquables, Mlle de Foix possédait tout ce qui lui assurait d'avance de brillants succès à la cour du grand roi, où l'appelait sa naissance ; mais la Providence qui avait ses vues sur cette âme d'élite, se plut à l'éloigner d'un lieu si périlleux pour la vertu, et à la fixer, dès ses premières années, dans l'obscurité d'une province.

Sur ce modeste théâtre, Mlle de Foix ne cessa, pendant plus d'un demi-siècle, non-seulement de charmer tout ce qui l'entourait, par la beauté et les grâces de son esprit, mais encore de présenter l'édifiant exemple d'une angélique piété, d'une simplicité de mœurs, d'une vie de prière, de pénitence et d'abnégation dignes des premiers âges de l'Église, et enfin d'une charité sans bornes.

Bénie et honorée pendant son long et bienfaisant pèlerinage sur la terre, elle fut pleurée à son heure suprême, et sa mort déplorée comme une calamité publique. Après plus d'un siècle et demi, son souvenir est encore cher et présent au lieu où s'écoula sa vie et qui participa le plus à ses bienfaits et à ses œuvres de miséricorde. Il s'y perpétue par la reconnaissance et aussi par divers monuments échappés aux ravages du temps et des révolutions.

Le voyageur religieux peut encore y visiter quelques-unes des pieuses fondations de Mlle de Foix, et l'antique manoir qui abrita tant de grandeur et de vertus [1].

Une vie si belle et si sainte méritait d'échapper à l'oubli du tombeau. Tout un peuple désolé, jaloux d'honorer son illustre bienfaitrice, désigna pour son historien M. l'abbé de Belzunce, le parent le plus cher à son cœur et qui avait été le témoin de ses vertus, le coopéra-

---

1. La ville de Montpont en Périgord.

teur de ses bonnes œuvres, le dépositaire de ses pensées les plus intimes. M. de Belzunce n'était encore que grand-vicaire d'Agen et ne devait monter que plus tard sur le siége de Marseille où l'attendait une immortelle gloire. Il s'empressa d'accéder à un vœu qui répondait si bien au besoin qu'il éprouvait lui-même de soulager sa douleur et d'acquitter son cœur envers une tante si digne dé ses regrets et de son éternelle reconnaissance. Malheureusement, soit excès de modestie de sa part, soit trop d'empressement à payer son tribut à une mémoire vénérée et chérie, il se borna à consigner dans un écrit très-court et très-simple ce qu'il avait vu, aimé et admiré dans une vie si belle et si vertueuse, témoignant le désir que son travail servît un jour de matériaux à l'écrivain qui voudrait exercer sa plume sur un si riche et si intéressant sujet.

Peu de mois après la mort de Mlle de Foix, l'ouvrage parut à Agen sous le titre d' « Abrégé de la vie de Mlle Su- » zanne-Henriette de Foix de Candale, princesse de la Teste » de Buch, dame de Montpont, etc. » N'ayant pas été réimprimé, cet opuscule biographique est devenu fort rare. Ce n'est qu'après de longues recherches que nous sommes parvenu à nous en procurer un exemplaire; nous le devons à l'extrême obligeance d'un digne et savant magistrat de la Vendée. Nous sommes heureux de lui renouveler ici l'expression de notre juste gratitude.

La lecture de ce recueil nous a d'abord donné le regret que M. de Belzunce n'eût pas rempli un vœu qu'il y exprimait et enrichi ainsi la collection des estimables productions qui signalèrent son long et glorieux épiscopat ; elle nous a ensuite inspiré la pensée d'en tenter nous-même la réalisation ; nous avons cru qu'au double titre de son parent et d'historien de sa vie, cette tâche nous convenait plus qu'à tout autre. Pour y parvenir, nous avons donc entrepris de refondre l'ouvrage de notre vénérable grand-oncle ; nous en avons changé la forme, développé les faits, rajeuni le style ; en un mot, nous nous sommes efforcé de le rendre digne de figurer parmi tant de bons livres que d'estimables écrivains opposent avec succès aux dangereuses productions d'une presse impie et corruptrice. Puissions-nous y avoir réussi !

La vie de Mlle de Foix offrira à toutes les classes de lecteurs de grandes leçons et d'éloquents exemples, avec le charme qui s'attache pour nous à ces hautes existences d'un autre âge, si nobles et si touchantes lorsqu'elles étaient ainsi consacrées à la pratique du bien et au soulagement de l'humanité. La lecture de cet ouvrage fera surtout, nous aimons à l'espérer, une salutaire impression sur les personnes d'une naissance distinguée. Elle les convaincra qu'une haute piété n'est pas plus inconciliable avec le commerce du monde qu'avec un esprit supérieur. Si elles ont le courage d'entrer dans la noble et sainte voie que leur a tracée Mlle de Foix, comme elle, elles ajouteront un nouveau lustre à leur nom ; elles seront l'honneur et la consolation de la religion ; elles embelliront la société, et, bénies sur la terre, elles ceindront un jour l'immortelle couronne promise à la fidélité et à la miséricorde.

L'ouvrage se divise en trois parties. La première contient les principaux événements de la vie de Mlle de Foix ; la deuxième le récit de quelques-unes de ses vertus, de sa dernière maladie et de sa mort, et la troisième le recueil de ses lettres.

MADEMOISELLE DE FOIX

ET SA CORRESPONDANCE

PREMIÈRE PARTIE

VIE DE MADEMOISELLE SUZANNE HENRIETTE DE FOIX DE CANDALE

PRINCESSE DE LA TESTE DE BUCH, DAME DE MONTPONT, ETC.

La maison de Foix est riche en titres de grandeur et d'illustration, son nom brille du plus vif éclat presque à chaque page de notre histoire. Son antique extraction, sa naissance, ses services, la liste de ses grands hommes, son sang souvent mêlé au sang de France [1] et à celui de

1. La maison de Foix a été directement alliée avec les maisons royales de France, de Navarre, d'Aragon, de Majorque, de Hongrie et de Bohême, et avec celles de Savoie et de Brandebourg, devenues depuis royales. Elle s'est de plus alliée aux maisons souveraines des ducs de Bretagne, des marquis de Montferrat, des comtes d'Armagnac, d'Astarac, de Barcelone, de Bigorre, de Béziers, de Laval, de Narbonne, d'Urgel, des vicomtes de Béarn, de Comminges, de Conserans; des sires d'Albret et des captals de Buch. — Les principales familles de la noblesse française qui s'honorent de lui avoir été alliées sont celles: d'Albert, de Belzunce, de Bergerac, de Bonneval, de Bosredont, de Chabannes, de Gontaut, de Giroude, de Croy, de Caumont, de **Bauf-**

presque tous les rois de l'Europe, le sceptre royal, enfin, qu'elle a elle-même si dignement porté, l'ont placée au premier rang des plus nobles et des plus illustres races dont s'honore notre patrie.

Issue des anciens comtes de Carcassonne, connus dès le IXᵉ siècle, son origine se perd dans la nuit des âges.

Outre le comté de Foix, son antique patrimoine, qu'elle tenait en franc-aleu, sauf une partie qui relevait du comté de Toulouse, elle a possédé en souveraineté les comtés de Bigorre, de Comminges et d'Étampes, les vi-comtés de Béarn et de Randon, etc., et enfin le royaume de Navarre, qui lui vint en mariage. On sait que Catherine de Foix, héritière de la plupart de ces États, les porta en 1484 à Jean d'Albret son mari, et qu'ils furent réunis à la France par leur arrière-petit-fils, Henri IV, appelé au trône de saint Louis par la loi salique; et certes ce n'est pas une des moindres gloires de la maison de Foix que son sang ait coulé dans les veines de ce prince, l'éternel honneur de la monarchie française, que son armée appela le roi des braves, que l'Europe surnomme le Grand et que le peuple continue à nommer le bon Henri.

Deux branches s'étaient formées des premiers princes comtes de Foix. La première, la plus recommandable sans contredit sous tous les rapports, donna son nom avec ses armes à un seigneur de Grailly, d'une ancienne

fremont, de Castillon, de Gout, de Lévis, de Melun, de Montmorency, de Pons, de la Rochefoucauld, de la Rochefontenilles, de la Tré-mouille, de Toulouse-Lautrec, de la Valette, de Roquelaure, de Tal-leyrand, de Villemur, etc., etc.

et chevaleresque noblesse. Ce seigneur et ses descendants le portèrent avec tant de dignité, qu'il leur doit son plus beau lustre. C'est, en effet, depuis cette substitution que les filles de la maison de Foix, issues de cette branche, montèrent sur la plupart des trônes de l'Europe et qu'eux-mêmes parvinrent à celui de Navarre.

La seconde branche, communément appelée Foix-de-Loup et éteinte dans le xviie siècle, avait partagé dans le temps les savants et les généalogistes sur la légitimité de son origine; mais Louis XIV trancha la question l'an 1650 par l'érection de Rabat en comté pour son dernier représentant, « en considération » disaient les lettres-patentes, « de ce qu'il était venu de la grande et renommée lignée des princes comtes de Foix, etc., etc. »

De la première branche étaient sortis plusieurs rameaux et entre autres celui des comtes de Gurson, depuis ducs de Randan, du Fleix, de Candale, etc., etc., le seul dont nous ayons à nous occuper.

Frédéric Gaston de Foix, comte de Gurson, issu au troisième degré de l'auteur de ce rameau, s'allia en 1611, à Charlotte de Caumont-Lauzun, fille de François de Caumont-Lauzun, comte de Lauzun, chevalier des Ordres, et de Catherine [1] de Gramont, et tante de Antoine Nompar de Caumont-Lauzun, duc de Lauzun, si célèbre

1. Cette dernière était fille de Philibert de Gramont et de Toulongeon, comte de Gramont et de Guiche, vicomte d'Aster, gouverneur et maire de Bayonne, sénéchal de Béarn, etc., etc., et de Diane Corisandre d'Andouins, vicomtesse de Louvigny, célèbre dans l'histoire de Henri IV, sous le nom de la belle Corisandre.

quelques années après, par l'éclat de sa faveur, de ses aventures et de sa disgrâce.

Au sang le plus illustre, à une grande fortune et à de nobles qualités, le comte de Gurson joignait une brillante réputation militaire. A l'exemple de ses ancêtres, il avait embrassé de bonne heure la carrière des armes. A peine sorti de l'adolescence, il avait déjà l'honneur de porter l'étendard général à la bataille de Coutras en 1587 ; il le défendit avec tant de bravoure, quoique atteint d'une fièvre quarte, qu'il s'attira les éloges du grand Henri et l'admiration de toute l'armée, qui voyait avec bonheur revivre en lui son valeureux père, tué, sept années auparavant, avec ses deux frères, sur le champ de bataille, à Montraveau. De nouveaux exploits, de nouveaux et éminents services suivirent un si glorieux début et lui avaient acquis une haute considération et la dignité de grand sénéchal de Guienne. Il avait déjà passé l'âge de la première jeunesse; mais ce n'était pas un désavantage dans un temps où l'on avait communément la sagesse de ne pas trop hâter l'acte le plus grave et le plus important de la vie, et le comte de Gurson n'en passait pas moins pour un des plus beaux et des plus désirables partis.

Aussi le comte de Lauzun, heureux d'ailleurs de resserrer encore le lien de parenté qu'avait déjà établi entre leurs maisons une alliance commune avec celle d'Albret, n'avait-il pas hésité à lui accorder la main de sa fille, que son nom, sa fortune, une remarquable beauté et la réunion des plus aimables vertus rendaient aussi un des partis les plus brillants et les plus recher-

chés de son temps. Le mariage fut célébré au château de
Lauzun avec une pompe et une magnificence dignes
des deux nobles familles.

Si les espérances qu'inspirait une union si bien assor-
tie n'eurent pas une entière réalisation, comme nous
serons obligé de le dire bientôt, Dieu lui accorda du moins
une heureuse fécondité, et la plupart des enfants qui en
furent le fruit, se distinguèrent par un mérite supérieur.
Leur nombre s'éleva à douze, trois fils et neuf filles.
Les fils, héritiers de la vertu guerrière de leurs ancêtres
comme de leur nom, servirent avec tant de gloire, qu'on
les vit tous trois lieutenants généraux, à un âge où il
était rare encore de confier des emplois si importants;
mais une mort prématurée et plus honorable selon le
monde, qu'avantageuse au point de vue de la foi, les
enleva jeunes encore et arrêta tristement le brillant avenir qui s'ouvrait devant eux ; ils périrent tous les trois
sur le champ de bataille, en faisant des prodiges de valeur.

Des neuf filles, quatre renonçant généreusement aux
prestiges et aux illusions du siècle, se consacrèrent à
Dieu et embrassèrent la vie religieuse ; les autres mou-
rurent dans leur jeunesse et sans alliance.

La quatrième des filles fut Suzanne-Henriette de Foix,
celle dont nous allons esquisser l'histoire, et qui devait
ajouter encore à la gloire de son illustre maison, par l'héroïsme de sa pieuse et bienfaisante vie. Elle reçut le jour
au château de Gurson, en Périgord, le 6 mars 1618.

Mlle de Foix annonça de bonne heure ce qu'elle serait
un jour. Dès ses premières années, on découvrait en elle

une intelligence prompte et facile, une rare sagacité, un jugement précoce, avec les plus généreuses inclinations et le germe heureux de toutes les vertus qui devaient embellir sa longue carrière.

Enfant, elle charmait déjà tout ce qui l'entourait, et surtout la comtesse de Gurson, qui éprouva bientôt pour cette fille de bénédiction un sentiment particulier qu'elle ne pouvait exprimer et que ne lui inspiraient pas ses autres enfants. Telle fut l'origine de cette vive affection et de cette union si parfaite qui régnèrent toujours entre elles ; jamais mère ne chérit plus tendrement sa fille, et jamais fille n'aima et n'honora plus sincèrement sa mère.

Cependant Mme de Gurson ne garda pas longtemps auprès d'elle sa fille bien-aimée ; elle ne put la refuser aux vœux et aux instances de la marquise de Montpezat [1], sa marraine et sa grand'-tante comme issue de la maison de Gramont. La séparation fut cruelle pour le cœur de la mère, et l'enfant la ressentit plus vivement qu'on n'a coutume de le faire à un âge si tendre. Charmée de son aptitude et de ses belles qualités, Mme de Montpezat ne tarda pas à s'attacher à sa nièce et résolut de l'élever avec sa fille, connue plus tard dans le monde sous le nom de marquise de Saint-Chaumont. En mère sage et chrétienne, elle s'appliqua à leur procurer une instruction brillante

---

1. Elle devait le jour à Antoine d'Aure, premier du nom, substitué aux nom et armes de Gramont, gouverneur et lieutenant général au gouvernement de Navarre et de Béarn, et à Hélène de Clermont, dame de Traves et de Toulongeon. Son mari, Henri des Prés, marquis de Montpezat, gouverneur de Muret et de Grenade, était mort en 1619.

et solide, digne de leur naissance et du haut rang qu'elles devaient occuper un jour dans la société, et fortement basée sur la religion, sans laquelle les plus belles connaissances deviennent funestes. Les personnes instruites et capables qu'elle chargea d'un soin si important et si délicat, justifièrent en partie sa confiance, en développant rapidement et en ornant la jeune intelligence de leurs intéressantes élèves ; mais malheureusement, plus remplies de l'esprit du siècle que de celui de l'Évangile, ces institutrices trompèrent son attente la plus chère et manquèrent à la partie la plus essentielle de leur noble tâche, en négligeant l'éducation morale et religieuse des deux demoiselles. Elles s'efforcèrent de leur apprendre l'art si dangereux de plaire au monde, et leur parlèrent à peine de la religion, la première et la plus essentielle des sciences ; elles les laissèrent étrangères à la piété, ce sentiment divin qui élève l'âme, éclaire l'esprit et enflamme saintement le cœur pour le Seigneur, l'innocence, la vertu et les devoirs, et qui est si justement regardée comme la gloire et le bonheur de l'homme, le plus précieux trésor et la première beauté du sexe, ainsi que le charme le plus attachant du jeune âge. Dans la suite, Mlle de Foix déplora souvent avec amertume d'avoir été si mal dirigée, contre les religieuses intentions de sa tante, dans ces premières années de la vie dont les impressions ont d'ordinaire une influence décisive sur toute notre existence. Heureusement sa raison précoce et ses vertueuses inclinations la préservèrent du danger, et Dieu, par une disposition toute miséricordieuse, voulut bien lui en abréger la durée.

En effet, Mme de Montpezat se vit obligée tout à coup de quitter la province pour retourner à la cour, et sa nièce dut rentrer dans sa famille.

Le cœur reconnaissant de Mlle de Foix éprouva un vif regret de s'éloigner de sa mère d'adoption, mais ce regret fut bien adouci par le bonheur de retrouver le toit paternel; et tout ce qu'elle eut à y souffrir de l'humeur dure et difficile de son père, ne l'empêcha jamais de regarder comme une grâce précieuse de la Providence d'avoir été arrachée à un système d'éducation dont elle reconnaissait de plus en plus le vice et le danger. M. de Gurson témoigna cependant quelque plaisir à la revoir. Quant à la tendre mère, il serait difficile d'exprimer la joie qu'elle ressentit de recouvrer sa fille chérie, et de la trouver si accomplie pour le corps et pour l'esprit, et conservant toujours, malgré de funestes leçons, un heureux penchant pour la piété.

Rien ne manquait, en effet, à Mlle de Foix pour flatter l'orgueil et la tendresse de sa mère. Elle avait la physionomie la plus heureuse, de la beauté, une taille élégante et un air de grandeur et de dignité qui imprimait le respect. Tous ses traits respiraient un heureux mélange de fierté et de douce modestie qui était d'un charme infini.

Un abord facile et des manières pleines de grâce, d'affabilité et de franchise, lui gagnaient tous les cœurs. Elle conserva jusqu'aux derniers jours de sa longue carrière ce don si rare de plaire, avec toutes ces formes si nobles, si gracieuses et si aimables, et sa personne même fut exempte des tristes et fâcheuses infirmités qui sont hélas! l'apanage ordinaire de l'extrême vieillesse.

La beauté de son esprit l'emportait encore sur celle de
son corps. Il était vif, élevé, pénétrant, capable des plus
grandes choses. Sa conversation était facile, brillante,
semée d'heureuses saillies et toujours assaisonnée d'une
douce gaîté qui en relevait le charme. Elle avait une
merveilleuse facilité à parler sur-le-champ, et mieux que
tout autre, sur toute sorte de sujets, et à écrire à toute
espèce de personnes, sans hésiter un instant et toujours
avec finesse et avec grâce, toujours d'une manière qui
lui était propre. Personne, certes, n'exprimait ses pensées comme elle, et n'y donnait un tour si délicat et
si piquant. Si quelquefois, dans sa vieillesse, sa plume
s'arrêtait, en écrivant, c'était pour soulager la faiblesse
de sa main, et nullement pour chercher des idées et des
expressions. Ce qu'il y a de surprenant, c'est qu'elle jouit
jusqu'à la fin de cet esprit si distingué, sans perdre le
moindre de ses agréments; ce qui fit dire à un homme
fort remarquable, qui avait été honoré de son intimité
pendant plusieurs années « que l'esprit de Mlle de Foix
» avait été de tous les temps, toujours à la mode, et qu'il
» n'avait jamais vieilli, quoique son corps fût accablé
» sous le poids des années. »

D'après ce portrait de l'illustre fille, on conçoit aisément qu'il suffisait de la voir pour lui vouer aussitôt estime et affection.

Dans un voyage que M. de Candale, duc de la Valette[1],

1. Henri de Nogaret de la Valette de Foix, comte puis duc de Candale, pair de France en 1621, ensuite duc de la Valette, un instant
duc d'Hallwin, premier gentilhomme de la chambre du roi et chevalier de ses Ordres, gouverneur de l'Agenois et de la Saintonge, décédé

fit au château du Fleix, pour rendre visite au comte de Gurson, Mlle de Foix en reçut une preuve qui l'aurait bien flattée, si elle avait eu moins de modestie et d'humilité. Le duc déclara au noble comte qu'il avait le dessein de se marier et que le but principal de sa visite était de lui demander la main de l'une de ses filles. Ce jeune seigneur, par son nom, son immense fortune, son caractère, les grâces de sa personne et la réputation qu'il s'était acquise dans les armées, était à cette époque le plus beau parti du royaume. Il avait pour père Louis de la Valette, duc d'Épernon, qui souhaitait d'autant plus cette alliance, qu'elle devait faire rentrer un membre de la maison de Foix dans les biens immenses que Catherine de Foix de Candale avait portés dans la sienne et qui y étaient restés par substitution.

M. de Gurson accueillit donc la proposition avec toute

à Casal, en Italie, le 11 février 1639, à l'âge de 48 ans, et avec la réputation d'un grand capitaine.

Le titre de duc d'Hallwin lui était venu de son mariage avec Anne, duchesse d'Hallwin ; cette union, sans doute pour quelque empêchement secret, fut dissoute d'un consentement mutuel, et la duchesse d'Hallwin s'allia ensuite à Charles de Schomberg, marquis d'Épinay, gouverneur de Languedoc, depuis duc d'Hallwin, maréchal de France, chevalier des Ordres et vice-roi de Catalogne, mort sans postérité et le dernier de sa race.

Le duc de la Valette avait pour père et mère, Jean-Louis de Nogaret, de la Valette de Caumont, duc d'Épernon, pair et amiral de France, colonel général de l'infanterie française, gouverneur successivement de plusieurs provinces, premier gentilhomme de la chambre du roi, chevalier de ses Ordres, etc., si célèbre sous les règnes de Henri III, de Henri IV et de Louis XIII ; et de Marguerite de Foix de Candale, comtesse de Candale et d'Astarac, héritière de sa maison, et petite-fille, par sa mère, du connétable Anne de Montmorency.

la joie qu'elle devait lui causer. Une première entrevue
suffit à M. le duc de la Valette pour jeter son choix sur
Mlle de Foix, à l'exclusion de ses sœurs. Il se hâta de la
demander et elle lui fut aussitôt accordée. Un voyage
qu'il était obligé d'entreprendre en Italie, fit remettre le
mariage à son retour ; il devait être très-prompt et déjà
on songeait aux préparatifs d'une union si brillante et
qui promettait tant de bonheur. Mais Dieu, qui avait
d'autres desseins sur Mlle de Foix, renversa ceux que les
hommes avaient formés pour elle, sans consulter sa
sainte volonté. Le jeune duc de la Valette fut atteint,
dans son voyage, d'une violente maladie, à laquelle il
succomba malgré sa jeunesse et tous les secours de l'art.
La triste nouvelle de cette fin si prématurée et si inattendue affligea profondément M. de Gurson et sa famille.
Mlle de Foix seule y parut assez insensible, au grand
étonnement de ceux qui connaissaient sa fierté naturelle,
qu'une pareille alliance aurait dû flatter, mais qui igno-
raient les vrais et secrets sentiments qui l'avaient animée
en cette circonstance. Trop jeune lorsqu'on proposa ce
mariage, pour oser résister à la volonté de ses parents,
elle s'y soumit, mais elle n'en avait pas moins intérieurement cette répugnance et cet insurmontable éloignement, qu'elle manifesta toujours pour tout établissement,
dès qu'elle fut maîtresse d'elle-même. Un cœur si grand
et si élevé ne pouvait se donner à quelque chose de terrestre et de périssable ; il ne devait appartenir qu'au
céleste et immortel époux de nos âmes, seul capable de
répondre à son amour, seul assez puissant et assez magnifique pour remplir la vaste étendue de ses désirs et

assouvir la passion de la gloire qui la travaillait. Elle
l'avait compris de bonne heure et avait résolu dès lors
d'élever vers le ciel toutes ses vues, ses affections, ses espérances. Dieu, jaloux de posséder sans partage ce noble
cœur, lui avait inspiré par sa grâce cette généreuse résolution, et se plaisait à la fortifier en elle à mesure
qu'elle avançait en âge.

Dieu voulut aussi, dès ses premières années, la soumettre aux épreuves, pour l'élever à l'héroïsme de la
vertu, la rendre plus digne de lui et la marquer du sceau
divin de ses amis et de ses élus.

Celle qu'elle supporta dans la maison paternelle, tout
le temps qu'elle y demeura, ne lui fut pas moins sensible,
pour lui être commune avec sa vertueuse mère et ses
sœurs. Elle lui vint de l'humeur de son père. M. le comte
de Gurson avait sans doute, ainsi que nous l'avons dit,
de grandes et belles qualités; chrétien exemplaire, brave
guerrier, sujet fidèle et dévoué à son roi, noble ami,
maître humain et généreux, il était recherché à la cour,
considéré dans sa province, estimé partout. Malheureusement à un mérite si recommandable il ne joignait pas
toutes les qualités privées, toutes les vertus domestiques
qui assurent le bonheur de la famille. Son caractère était
sombre et difficile, porté à la défiance et aux soupçons,
violent et emporté. Fier et dur envers ses enfants, jamais
il ne leur donnait le moindre témoignage de tendresse.
Il avait trop de discernement, cependant, pour ne pas reconnaître tout leur mérite. Il appréciait surtout celui de
Mlle de Foix, il l'estimait, il trouvait qu'elle lui ressemblait; il la préférait à ses autres enfants et disait même

souvent qu'elle était le vrai sang de Foix. Il admirait la
supériorité de son esprit, et il lui échappait quelquefois
de le dire, quoiqu'il fût habituellement sur ses gardes
pour ne pas manifester le bien qu'il pensait de sa famille.
Il avait une si haute idée de cet esprit si remarquable de
Mlle de Foix, que, bien qu'il en eût lui-même un fort distingué, il n'écrivait jamais quelque lettre d'importance
sans la lui montrer et lui demander son avis. Elle le lui
donnait avec cette franchise qui ne lui permit jamais de
dissimuler ses sentiments, et de son côté, il le suivait
avec une docilité qu'on ne lui connaissait pas en toute
autre occasion. Malgré cette estime qu'il ne pouvait lui refuser, il ne la traitait pas moins sévèrement que ses sœurs,
ou plutôt il la faisait plus souffrir à cause de cette supériorité d'esprit qu'il lui reconnaissait. Il la redoutait, il
ne la voyait qu'avec peine auprès de lui, persuadé qu'elle
pénétrait dans son âme et qu'elle n'avait qu'à le regarder
pour deviner ses pensées. Et ce n'était pas sans raison ;
elle avoua dans la suite plus d'une fois qu'elle lisait si
bien dans ses yeux et sur son visage les différents mouvements de son cœur, qu'elle s'y trompa rarement. Dans
cette persuasion, M. de Gurson lui fit défendre de le regarder, et par une bizarrerie qui a peu d'exemples, il
voulait que partout elle se plaçât vis-à-vis de lui. De
sorte que cette pauvre jeune personne, pour que ses re-
gards ne fussent pas rencontrés par ceux de son père,
était obligée de les baisser toujours en sa présence, et de
se tenir dans la posture la plus contrainte.

Cependant dans ses rares moments de belle humeur, il
voulait qu'elle jouât avec lui au jeu d'échecs qu'il aimait

beaucoup, et c'était pour elle la plus rude mortification.
Elle jouait beaucoup mieux que lui et le gagnait sans
peine. Mais comme il avait la prétention de primer en
tout, la perte l'humiliait, l'irritait et souvent il éclatait
avec emportement. Pour lui éviter ces mouvements de
dépit, et à elle-même de trop dures paroles, elle résolut
de le laisser gagner, comme le moyen le plus sûr, croyait-
elle, de ne pas lui déplaire; cela lui réussit cependant
fort mal contre cet esprit altier, susceptible et ombrageux. Toutes les fois qu'elle mettait en usage son inno-
cent stratagème, M. de Gurson n'en devenait que plus
furieux, prenant sa complaisance pour une preuve évi-
dente de l'ennui qu'elle éprouvait à jouer avec lui, et qui
lui faisait négliger son jeu, et il lui en adressait les plus
vifs et les plus sévères reproches. Ainsi les amusements
mêmes se changeaient en souffrances pour notre vertueuse fille, dans la maison paternelle, et sa vie y eût été
trop amère sans les dédommagements qu'elle trouvait
dans la tendresse de sa sainte mère et dans l'affection de
celles de ses sœurs qui n'étaient pas encore à l'abbaye
de Saintes.

Leur seul bonheur, leur seule consolation à toutes
était de se réunir dans la chambre de cette mère bien-
aimée, pour se communiquer leurs chagrins et s'encourager à les supporter chrétiennement; mais souvent
ces douces et innocentes réunions donnaient de l'ombrage à M. de Gurson, et elles ne pouvaient les prolonger
autant qu'elles l'auraient désiré. Mlle de Foix trouvait
encore des distractions dans l'étude de la musique, dont
elle avait le sentiment et le goût, et surtout dans la lec-

ture que son esprit, avide de savoir, aima toujours avec passion.

Malheureusement son père n'y attachait pas le même prix; il ne les regardait guère que comme une occasion de perte de temps et la source de dépenses inutiles, qu'il était d'autant plus éloigné d'autoriser, que son extrême parcimonie refusait souvent à sa famille jusqu'au strict nécessaire; aussi Mlle de Foix ne pouvait-elle s'y livrer que comme à la dérobée et avec mille précautions, pour éviter des surprises, des scènes fâcheuses et la confiscation de ses livres.

A tant de contrariétés, de soucis et d'ennuis si difficilement adoucis, vinrent bientôt se joindre pour Mlle de Foix des peines plus cruelles encore, des peines de cœur. Tout à coup et à quelques jours de distance, la tombe s'ouvrit et se referma sur deux de ses sœurs qu'elle aimait tendrement. Elle achevait à peine de les pleurer, qu'elle fut replongée dans le deuil par une perte bien plus affreuse, celle de ses trois frères moissonnés en divers temps et en divers combats. Mlle de Foix leur portait un vif attachement; elle était fière et heureuse de la haute réputation que leur avaient déjà acquise leur mérite et leurs nobles qualités qui promettaient à son nom une nouvelle gloire. Des coups si douloureux et si multipliés firent une si profonde impression sur son cœur qu'elle en parut inconsolable; son affliction s'augmentait encore de la peine qu'elle causait à M. de Gurson, et des reproches qu'il lui en fit plus d'une fois. Après avoir payé à la mémoire de ses frères le tribut de ses larmes et de ses prières, et leur avoir voué des regrets que le

temps et la raison ne pouvaient adoucir, c'est auprès de
son Dieu et de la divine consolatrice des affligés qu'elle
chercha un remède à sa douleur.

Il y a près du Fleix une chapelle dédiée à Marie sous
le nom de Notre-Dame de Verdelais, chère à la piété des
fidèles qui s'y rendent en foule, et fameuse par les miracles que la bonté de Dieu ne cesse d'y opérer par l'intercession de cette sainte mère de notre Sauveur. Mlle de
Foix forma le pieux dessein d'aller y faire ses dévotions
et elle y trouva l'adoucissement qu'elle espérait. Elle
n'évoqua pas en vain, avec une ferveur et une confiance
toutes filiales, sa divine et miséricordieuse mère ; les
ineffables douceurs qu'elle goûta dans sa communion lui
firent sentir qu'elle était exaucée. Dieu, par une voix
secrète, sembla lui dire qu'il lui laissait une mère dont
la tendre amitié la dédommagerait de toutes ses pertes,
quelque grandes qu'elles fussent. Elle revint donc de son
pieux pèlerinage, plus calme, plus forte et préparée aux
nouvelles croix qui l'attendaient sous le toit paternel.

Le malheur, en effet, au lieu d'attendrir le cœur du
comte de Gurson, ne fit que l'aigrir et il ne s'en montra
que plus difficile, plus exigeant, plus froid, plus sévère
et plus dur envers sa famille et en particulier envers la
fille qu'il estimait le plus. En vain elle redoublait de
respect, d'attentions et d'empressement auprès de lui ;
en vain elle saisissait toutes les occasions de lui être utile
et agréable ; elle ne pouvait ni le toucher ni l'adoucir.
Malgré toute sa résignation, elle en souffrait cruellement. La tristesse empoisonnait tous ses moments, désen-
chantait tout à ses yeux et la privait de tout plaisir.

L'habitation du Fleix elle-même, réputée une des plus belles de la province, avec son château imposant, ses vastes jardins, ses magnifiques promenades et sa riante campagne, était pour elle sans charme. Elle aurait certes mille fois préféré à cette grande et somptueuse résidence l'humble ermitage construit par son père sur une montagne voisine et dont l'isolement et le site agreste et sauvage s'harmonisaient bien mieux avec les sombres pensées de son âme affligée. Son chagrin était devenu d'autant plus amer, que depuis quelque temps, par un tendre et délicat ménagement, elle en épargnait la douloureuse confidence à Mme de Gurson, déjà si malheureuse et comme épouse et comme mère. Elle fut enfin accablée d'une position qui avait si cruellement empiré. Effrayée de ce qu'elle semblait lui présager pour l'avenir et craignant de n'avoir plus assez de vertu pour la supporter, elle implora avec une nouvelle ferveur le Dieu qui met au cœur des pères l'amour paternel, comme la piété filiale au cœur des enfants, et songea sérieusement aux moyens de la changer. Malheureusement le caractère de M. de Gurson les rendait tous difficiles, dangereux ou impraticables. Cependant voici celui qu'elle choisit après de mûres réflexions, et le stratagème qu'elle employa, stratagème assez extraordinaire qui ne peut trouver d'excuse que dans sa jeunesse, l'excès de sa douleur et la pureté de ses intentions, et qui, en un sens, ne lui réussit que trop bien.

Elle fit une prière à Dieu, écrite en forme de lettre, sur le triste état où elle se voyait réduite. La douleur augmentait son éloquence naturelle : elle y dépeignait avec

chaleur et sous les plus vives couleurs tout ce qu'elle
avait à souffrir de l'humeur de son père ; les mauvais
traitements qu'elles en essuyaient, elle et l'unique sœur
qui lui restait ; les cruelles privations auxquelles les
condamnaient sa dureté et sa parcimonie, sans qu'elles
osassent lui demander les choses les plus nécessaires, ni
même lui parler, etc., etc.

Après cet énergique tableau, épanchant son cœur dans
le sein de son Dieu : « Serait-il possible, Seigneur,
» s'écriait-elle, que des enfants si maltraités par leurs
» parents fussent obligés en conscience de les aimer ?
» Non, mon Dieu, vous êtes trop juste pour ordonner des
» choses qui seraient au-dessus de la nature ! J'ai bien lu
» que vous voulez qu'on les honore, que vous en faites
» une loi, que vous punissez les violateurs de ce devoir,
» et que vous promettez une longue vie et des récom-
» penses à ceux qui y sont fidèles ; mais je n'ai jamais
» lu qu'on fût obligé d'aimer avec tendresse des parents
» qui n'ont que de la dureté pour leurs enfants, etc., etc. »

Elle finissait en demandant à Dieu qui connaissait
toute l'amertume de son âme et toute l'étendue de son
malheur, d'y mettre un terme par le changement du
cœur de son père, ou par sa propre mort qu'elle préférait mille fois à une vie si déplorable. Un jour, en descendant de sa chambre pour le dîner, elle mit ce papier
dans sa poche, et au sortir de table elle le laissa adroitement tomber en tirant son mouchoir. Le comte de Gurson,
que sa surdité et son caractère ombrageux rendaient
extrêmement curieux et très-attentif à tout ce qui se
passait autour de lui, n'eut pas plus tôt aperçu le papier

qu'il ordonna, comme elle l'avait prévu, de le ramasser et de le lui remettre, ce qu'un domestique exécuta à l'instant. Mlle de Foix, qui doutait du succès de la tentative et qui craignait quelque violent emportement, était sortie précipitamment de la salle et avait été se renfermer dans sa chambre, où elle demeura longtemps dans la cruelle attente de ce qui allait arriver.

D'après le caractère que nous avons tracé du comte de Gurson, on devine aisément l'impression qu'il reçut à la lecture d'un écrit si étrange. Hors de lui, les yeux en feu et pâle de colère, il court chez Mme de Gurson et le lui donne à lire. La pauvre mère, émue et tremblante, et qui ignorait tout, l'assure qu'elle est entièrement étrangère à une pareille lettre, déplore la faute de sa fille, lui fait des excuses pour elle, réclame son indulgence en faveur de sa jeunesse et du repentir qu'elle doit nécessairement ressentir et l'engage avec douceur à renoncer désormais, pour elle et pour sa sœur, à un système de sévérité qui lui attirait un si cuisant chagrin. Pour toute réponse, le comte lui déclare que son parti est irrévocablement pris; qu'il ne peut plus supporter auprès de lui une fille qui l'a si indignement outragé, ni sa sœur qui partage ses sentiments, et que l'une et l'autre doivent sortir incessamment du château. A ce mot foudroyant, la malheureuse mère, consternée, tombe à ses genoux, insiste, conjure, pleure, mais prières, instances, larmes, tout est inutile; il demeure inflexible. Dans sa douleur et son désespoir, elle a recours à un dernier moyen; elle lui déclare que, mère, elle ne pourrait en honneur et en conscience abandonner ses filles et les laisser sur leur bonne foi, à un âge si peu avancé, et que s'il persistait dans sa résolution, elle se verrait dans la cruelle et douloureuse nécessité de le quitter pour les suivre. Insensible à ce dernier effort de la tendresse maternelle, l'impitoyable comte la prend au mot, et lui fait entendre ces paroles d'une accablante dureté : « J'y consens, je le » veux, partez avec elles, madame, et que ce soit le plus » tôt possible. »

Ainsi Mme de Gurson se vit tout à coup dans la plus affreuse situation où une femme de son mérite et de sa condition puisse être réduite, obligée de s'éloigner du toit conjugal, contrainte d'aller chercher une retraite sans avoir le temps de s'y préparer, dépourvue des choses les plus nécessaires et chargée de deux jeunes filles dont le malheur augmentait le sien... Elle en fut d'abord comme anéantie, mais bientôt, revenue à elle, elle puisa dans sa piété et son cœur maternel assez de forces pour supporter une si cruelle épreuve avec fermeté. Cependant, pour se conformer aux volontés du trop sévère comte que la réflexion laissa inébranlable, il fallut partir et partir brusquement. Si la séparation fut douloureuse pour la pauvre mère, elle ne le fut guère pour les filles, qui trouvaient même presque de la douceur dans un malheur qui les délivrait d'une espèce de martyre de tous les jours et de tous les instants. Un neveu de M. de Gurson accueillit chez lui les illustres affligées, mais elles n'y firent qu'un assez court séjour.

Mme de Gurson jugea que, dans sa triste situation, elle ne pourrait trouver un asile plus honorable et qui convînt mieux à ses filles que l'abbaye de Saintes.

Cette abbaye, si fameuse tant par l'antiquité et l'éclat de sa fondation, sa richesse, ses droits et ses priviléges, que par le nom et le mérite de la plupart de ses abbesses et le nombre et la naissance de ses religieuses, était encore dirigée à cette époque par la célèbre Françoise de Foix, sœur du comte de Gurson, pieuse reformatrice de cette illustre maison à l'âge de vingt-six ans, et morte, peu de temps après, en odeur de sainteté, plus qu'octogénaire, après un sage et glorieux gouvernement de plus de soixante ans.

L'abbesse de Saintes avait alors pour coadjutrice la fille aînée de M. et de Mme de Gurson, promue, après la mort de sa tante, à la dignité abbatiale, et deux de leurs nièces, au nombre de ses religieuses. La comtesse de Gurson écrivit donc à sa vénérable belle-sœur et à sa fille pour leur faire part de son infortune et leur exposer ses désirs.

Mme de Saintes, profondément affligée d'une catastrophe si cruelle et si inattendue, mais hors d'état d'y remédier, s'estima heureuse de pouvoir au moins lui en adoucir l'horreur et se hâta d'accéder à ses vœux en mettant à sa disposition sa personne et sa maison.

Des offres si obligeantes furent acceptées avec transport, surtout par Mlle de Foix, qui quittait le Périgord avec bien moins de douleur que sa mère.

Les préparatifs de départ se firent à la hâte et elles arrivèrent en peu de jours à Saintes, où elles furent reçues avec toute la joie que pouvaient permettre les fâcheuses circonstances de leur voyage.

Le séjour de cette sainte retraite fut d'abord comme

un enchantement pour Mlle de Foix. Son âme y renaissait ; elle y apprenait le bonheur. Elle ne pouvait se lasser d'admirer et de goûter cette nouvelle vie, cette délicieuse vie, toute d'affection, de paix, de douce liberté, de piété et de ferveur, et son cœur ravi et reconnaissant s'épuisait en amour et en actions de grâces devant le Seigneur. Mais ce bonheur si pur, si saint et si bien senti, ne tarda pas à être détrempé de quelque amertume ; ainsi le permettait la divine Providence qui voulait conduire cette vertueuse fille à la perfection par la rude voie des croix et des souffrances.

Si M. de Gurson était noble et généreux au dehors, il était loin de l'être avec sa famille, comme nous l'avons dit ; au moment de la cruelle séparation, il dut assurer une pension à Mme de Gurson et à ses filles ; mais elle était tellement modique qu'elle ne pouvait leur suffire. Elles étaient donc trop souvent réduites, pour se procurer les choses les plus indispensables, à la dure nécessité d'emprunter, et les dettes furent toujours pour l'âme si grande et si élevée de Mlle de Foix un véritable tourment.

Pendant son séjour dans ce pieux asile, Mlle de Foix eut à essuyer une peine plus sensible encore. Il plut à Dieu de la frapper de nouveau dans ses plus chères affections.

De toutes ses sœurs Mlle de Montpont était celle qu'elle aimait le plus, et la beauté de son âme, son angélique piété, la douceur et l'aménité de son caractère justifiaient cette prédilection. Elles avaient d'ailleurs passé ensemble presque toutes les années de leur enfance et de

leur jeunesse, ensemble elles avaient traversé les jours
mauvais du foyer domestique, et qui est-ce qui rapproche
mieux les cœurs que la communauté de la souffrance et
les vives et innocentes impressions du premier âge? Elles
vivaient dans la plus étroite intimité, dans la confiance
la plus entière et jamais le moindre nuage n'avait altéré
leur union. Cependant cette sœur si chérie et si digne de
l'être, cette douce amie, cette constante compagne de sa
vie lui fut tout à coup enlevée sans que rien la préparât
à un coup si affreux : une mort subite l'emporta presque sous ses yeux. Sa douleur fut vive et profonde, mais
en même temps si chrétienne, si résignée, si soumise à
la sainte volonté de son Dieu, qu'elle fut un spectacle
attendrissant d'une édification générale. Elle sembla
même d'abord l'oublier, en fille tendre et dévouée, pour
ne s'occuper que de sa pauvre mère, accablée sous le
poids de tant de pertes incessantes et d'amères infortunes.

Mlle de Foix ne négligea rien de ce que la foi et l'amitié exigeaient de son zèle pour le salut et la mémoire de
sa sœur bien-aimée.

Après lui avoir assuré le suffrage des plus saintes
prières, dès qu'elle en eut la possibilité, elle lui fit dres-
ser un tombeau convenable et fonda à l'abbaye de Saintes,
où elle avait reçu la sepulture, un service perpetuel le
jour anniversaire de sa mort, devoir religieux dont elle
s'acquitta aussi envers ses autres sœurs que le Seigneur
avait déjà appelées à lui.

Mlle de Foix ne fut pas longtemps à l'abbaye hospita-
lière, sans s'y attirer l'estime et l'affection ; et n'y ap-

portait-elle pas les plus incontestables titres par la réunion des plus admirables qualités? Sa piété, qui faisait chaque jour de nouveaux progrès, approchait déjà de celle de la religieuse la plus régulière et la plus fervente. Elle montrait en toute occasion une sagesse et une supériorité d'esprit et de raison qu'on ne pouvait se lasser d'admirer.

Ame grande et généreuse, elle était capable de s'élever à l'héroïsme de tous les sacrifices et des plus grands dévouements. Cœur sensible et tendre, aimer était un besoin pour elle, et elle se montrait un modèle accompli d'une amitié sincère, delicate, noble et constante. Enfin, franche et sincère, jamais le mensonge ne souillait ses lèvres ; la dissimulation même lui était odieuse et elle la condamnait jusque dans les compliments. Jamais elle ne s'en permettait qui ne fussent basés sur la vérité et elle repoussait ceux qui manquaient de ce caractère. Nous trouvons à ce sujet ces mots qu'elle écrivait peu de temps avant sa mort : « Oh ! que les cœurs francs sont » rares dans ce temps-ci ! Il y a une infinité de personnes » qui offrent tout, qui promettent tout, persuadées qu'on » ne les prendra jamais au mot ; qu'il y a plaisir à faire » montrer la corde à ces faux amis ! etc., etc. »

Telle était dès lors Mlle de Foix, dont on disait avec vérité qu'à toutes les grâces de son sexe elle joignait toutes les vertus du nôtre, sans en être moins malheureuse.

Elle jouissait du moins des témoignages touchants que cette illustre communauté ne cessait de lui donner de ses sentiments. De son côté elle lui en voua bientôt de non moins justes, de non moins sincères ; elle les lui conserva jusqu'au tombeau, et elle en fut toujours payée du plus cordial et du plus parfait retour.

Si Mlle de Foix se servit, pour avancer sa sanctification, des grands exemples et des puissants moyens de salut que lui offrait cette sainte maison, elle sut aussi mettre à profit la paix et le repos qu'elle y goûtait pour étendre et perfectionner son instruction. Littérature, histoire, géographie, mythologie, langues, presque toutes les branches des connaissances humaines devinrent l'objet de son étude et elle s'y livra avec autant de succès que d'ardeur.

Elle aborda même la philosophie, sans que sa haute et mâle intelligence se trouvât au-dessous de cette science si élevée. Peu de temps avant sa mort, elle en avait encore un cours tout écrit de sa main. Elle s'appliquait aussi, et avec non moins de succès, à la culture des arts. Elle montrait un vrai talent pour la poésie, et elle avait fait de tels progrès dans la peinture et le dessin, que plusieurs de ses ébauches obtinrent le suffrage et l'admiration des connaisseurs. Enfin elle jouait d'une manière fort distinguée de plusieurs instruments de musique et surtout du luth, fort à la mode de son temps. C'est ainsi qu'elle cherchait à cultiver les heureuses facultés et les riches dons qu'elle avait reçus du Ciel et de la nature, et Dieu se plaisait à bénir ses efforts.

Cependant, plus tard, parvenue à un plus haut degré de piété, elle jugea ces connaissances et ces talents comme de vaines curiosités, dépourvues de tout rapport avec le salut et propres seulement à donner du relief

dans le monde ; elle déplora le temps qu'elle avait consacré à leur acquisition et craignit d'avoir un compte
rigoureux à en rendre un jour au suprême tribunal.
Jugement trop rigoureux sans doute et crainte exagérée,
mais qui nous révèlent toute la delicatesse de conscience
de cette âme d'élite. Toute science est bonne et sainte en
elle-même ; elle vient de Dieu, roi des intelligences, et doit
nous élever à Dieu. Elle n'est dangereuse et coupable que
lorsqu'on apporte à sa recherche des intentions mauvaises, ou qu'on y sacrifie des devoirs religieux ou d'état,
et qu'une volonté impie et dépravée la détourne de sa
sublime destination et l'abaisse au service des passions.

Il y avait déjà plusieurs années que Mlle de Foix était
à l'abbaye de Saintes, dont elle goûtait et appréciait de
plus en plus le pieux séjour, lorsque Mme de Gurson fut
tout à coup informée que son mari venait d'être atteint
d'une maladie qui présentait du danger. La mère et la
fille, accoutumées à tout faire céder au devoir, n'hésitè-
rent pas à se rendre aussitôt auprès du malade. Ce ne fut
pas sans un vif regret cependant que, comptant peu sur
un retour, elles s'eloignèrent de cette maison, où elles
avaient été constamment entourées de tant d'estime et
d'affection, de tant de soins et d'attentions, où elles
avaient passé les jours les plus saints, les plus calmes,
les plus heureux de leur vie. Leur départ causa aussi
une douleur générale. N'osant arriver jusqu'au château
du Fleix, sans savoir si le comte de Gurson l'approuve-
rait, elles jugèrent convenable de s'arrêter en un lieu
assez rapproché, pour attendre des nouvelles plus cer-

taines de la marche de sa maladie. Malheureusement les gens qui entouraient le malade, redoutant leur présence, leur cachèrent la gravité de son état, et lui laissèrent ignorer à lui-même leur désir de se rendre auprès de son lit de souffrance. Mme de Gurson et sa fille eurent ainsi la douleur d'apprendre sa mort, sans avoir eu la consolation de le voir. Le comte de Gurson fut pleuré dans sa province et à la cour, et Louis XIV lui-même lui accorda publiquement des regrets dans les termes les plus flatteurs pour sa mémoire et pour sa noble maison.

Mlle de Foix, comme sa digne mère, lui donna des larmes sincères. Elle avait toujours conservé pour lui tout le respect qu'il méritait à tant d'égards, et son cœur était trop bien fait pour ne pas sentir, en cette triste circonstance, ce que la nature imprime dans les âmes même les plus dures. Elle porta jusqu'au tombeau le regret amer de n'avoir pas été directement au Fleix pour embrasser son père sur son lit de mort, lui demander pardon, et recevoir sa dernière bénédiction, et elle dut se faire violence pour ne pas en vouloir aux personnes qui, dans de misérables vues d'intérêt, avaient ravi cette religieuse consolation à sa piété filiale.

Après ce triste événement, Mlle de Foix rentra au château du Fleix avec sa mère, et ce ne fut pas sans une vive émotion qu'elle revit ces lieux si pleins de souvenirs pour elle. A peine furent-elles installées dans cette belle résidence, que, religieuse imitatrice du zèle de M. de Gurson pour la vraie foi, Mlle de Foix s'appliqua, avec autant de prudence que de fermeté, à y ramener le peuple du Fleix, qui avait beaucoup souffert du voisinage de Saintefoi, alors une des villes du royaume les plus infectées de l'hérésie du calvinisme. Dieu bénit ses pieux efforts, et elle eut la consolation de voir rentrer dans le sein de l'Église un grand nombre de personnes, dont les pères avaient eu le malheur d'en sortir. Pour éclairer et affermir leur retour, elle leur procurait avec soin tous les moyens d'instruction et les engageait à assister aux offices divins, à la paroisse ou à la chapelle du château. Cependant de si heureux commencements et quelques rencontres où elle deploya un saint courage pour s'opposer aux entreprises des ministres, la rendirent bientôt redoutable aux religionnaires.

A cette époque, Gaston-Jean-Baptiste de Foix de Candale, duc de Foix et de Randan, petit-fils et l'héritier du comte de Gurson, vint au Fleix pour régler quelques affaires avec sa mère. Quoique excellent catholique, il avait le tort d'accorder une trop grande confiance à certains protestants de l'endroit. Ils en profitèrent habilement pour éloigner une personne déclarée contre leur religion. Raisons d'intérêt, perfides insinuations, calomnies, ils mirent tout en œuvre, et parvinrent enfin à tellement aigrir l'esprit du jeune duc, que la mère et la fille se virent encore une fois obligées de quitter le château du Fleix. Si l'hérésie en triompha, les catholiques en gémirent, et les pauvres surtout furent plongés dans la douleur; car la charité de Mlle de Foix avait déjà commencé à se montrer, comme son zèle ; déjà elle avait préludé aux pieuses libéralités et aux saintes profusions qu'elle devait plus tard répandre sur tant de malheureux.

Contrainte de s'éloigner de nouveau, et dans des circonstances non moins pénibles, du toit paternel, Mlle de
Foix alla s'établir avec sa mère à Montpont, destiné à
être désormais le théâtre des vertus et de la sainte vie
de cette illustre fille. Montpont était une grande et belle
terre, riche en droits et en prérogatives, et qui avait été
achetée en partie des cent mille écus que la comtesse de
Gurson avait eus en dot à son mariage. Le lieu principal
était la jolie petite ville de ce nom, située agréablement
sur la rivière de l'Isle, à une faible et égale distance des
villes de Saintefoi et de Bergerac, en Périgord. La maison seigneuriale, encore assez bien conservée, sans
approcher de la magnificence du château du Fleix, était
devenue très-logeable par les soins de Mme de Gurson et
de sa fille. Elle était assez vaste et assez commode, bâtie
sur le bord de la rivière qui coulait au pied d'une terrasse
naturelle, sous les fenêtres de l'édifice. Du haut de cette
terrasse, la vue embrassait le cours de la rivière, plusieurs petites îles couvertes d'arbres et de verdure, la
belle chartreuse de Vauclaire avec une vaste étendue de
champs, et ce paysage était d'un grand effet et d'un
charme infini.

Mlle de Foix trouva la paix et le calme dans cette riante
solitude, ainsi que sa bonne et digne mère, qui faisait
toute la consolation et toute la douceur de sa vie. Ses
journées y étaient d'ailleurs remplies d'occupations qui
parlaient tour à tour à son esprit et à son cœur, et ban-
nissaient l'ennui. Les devoirs religieux et les œuvres de
charité, les ouvrages de main, la lecture et les autres
études dont elle avait pris à l'abbaye de Saintes le goût

et l'habitude, partageaient tout son temps. Ses amusements et ses distractions consistaient dans la promenade, les visites qu'elle échangeait avec les châteaux voisins, la société de quelques parents et de quelques amis qui venaient de temps en temps jouir au château de Montpont des douceurs d'une noble et cordiale hospitalité, et enfin dans des parties de chasse qu'elle suivait de loin en loin, par complaisance, surtout pour la noblesse du Périgord, qui de son temps se livrait avec passion à cet exercice royal, comme à l'image la plus vraie de la guerre. Mme de Gurson, condamnée tout à coup et à un âge où le repos devient un besoin, à l'administration d'une grande fortune et à la conduite d'une forte maison, aurait bien voulu en faire partager le poids à sa fille ; mais malgré tout son désir de soulager sa mère, Mlle de Foix se refusa constamment à ses vœux, dans la crainte que quelque diversité de vues et de sentiments ou quelque ombrage ne vînt altérer l'union si parfaite qui existait entre elles et qui faisait le bonheur de l'une et de l'autre.

Dieu qui, comme nous l'avons dit, voulait conduire cette grande âme par les traverses pénibles et les routes épineuses, pour la rendre plus digne de son amour et de l'éternelle couronne qu'il lui destinait, ne tarda pas à la visiter d'une manière bien sensible, au milieu des douceurs qu'elle goûtait dans ce nouveau et tranquille séjour.

Depuis quelques années, elle n'était que trop fondée à craindre d'hériter de la surdité de son père ; elle en avait de fâcheux commencements ; mais, grâce à son esprit et

aux soins attentifs de sa mère, peu de personnes jusque-
là s'en étaient aperçues. Malheureusement son incommodité fit bientôt de tels progrès, qu'il devint impossible de
la cacher. Quelle rude, quelle accablante croix ! Cependant notre vertueuse fille la reçut avec une entière soumission, la supporta avec un héroïque courage, qui ne
se démentit pas un instant ; elle ne parut pas même affligée, s'estimant heureuse, disait-elle, de souffrir, pourvu
que ce fût en esprit de pénitence.

Peu de temps après, la mort de Bernard de la Valette[1],
duc d'Épernon, vint tout à coup lui créer de grands embarras et de cruels soucis. Ce seigneur, le dernier de sa
race, laissa des biens immenses à partager. Mlle de Foix
héritait des droits de tous ceux de la maison de Candale
qui formaient une partie considérable de cette fortune ;

1. Bernard de Nogaret de Foix, duc de la Valette, après la mort
de son frère aîné, le prétendant à la main de Mlle de Foix ; duc
d'Épernon, après la mort de son père ; Captal de Buch, comte de
Montfort-l'Amaury, etc., etc., lieutenant général, chevalier des Ordres
du roi et de celui de la Jarretière, gouverneur de Guyenne, premier
colonel général de l'infanterie, etc. Il avait épousé : 1º Gabrielle-Angé-
lique, légitimée de France, fille naturelle de Henri IV et de la marquise
de Verneuil, Gabrielle de Balzac d'Entragues. — 2º Marie de Camboust
de Coislin-de-Pontchâteau, parente du cardinal de Richelieu. Cette
alliance ne le préserva pas des persécutions du terrible ministre, et il
dut aller expier à l'étranger le crime de son dévouement à la régente
Marie de Médicis. Il ne rentra en France qu'après la mort de Richelieu ; il fut justifié par le parlement et rétabli dans ses charges et ses
dignités. En 1658, il eut la douleur de perdre son fils unique, le duc
de Candale, moissonné à la fleur de son âge, sans alliance et au retour
d'une campagne en Catalogne, où il s'était couvert de gloire, comme
lieutenant général, sous le prince de Conti et le maréchal de Hocquin-
court. Il mourut lui-même, trois ans après, le 25 juillet 1661, le dernier d'une race si féconde en grands hommes.

son neveu, le duc de Foix, et deux de ses plus proches parents avaient aussi de grandes prétentions sur toute cette riche succession ; mais ces droits, n'étant pas bien clairs, donnèrent lieu à de graves contestations qui la brouillèrent enfin entièrement avec le jeune duc de Foix, et amenèrent de longs procès menaçants pour elle et fâcheux pour tous.

Mlle de Foix ne jouissait pas encore d'une fortune assez considérable pour plaider contre un neveu, dont elle avait d'ailleurs plus d'un sujet de se plaindre ; elle fut obligée de s'adjoindre deux de ses cousins-germains. Cette union d'intérêts déplut à sa maison qui en ressentit une peine extrême. La plupart de ses parents la blâmèrent hautement et se déclarèrent contre elle ; quelques-uns allèrent jusqu'à l'accuser de manquer aux égards et à l'amitié qu'elle devait à sa famille. Des incriminations si injustes et si injurieuses blessèrent vivement notre sainte fille et lui causèrent un amer et profond chagrin, que pouvaient à peine adoucir le sentiment de son innocence et les secours de sa piété. Heureusement les affaires, en prenant une nouvelle face, ne tardèrent pas à la justifier pleinement ; elles montrèrent que son cœur n'était pas moins fidèle aux devoirs du sang, qu'à toutes ses autres obligations, et qu'il n'avait jamais cessé de brûler saintement d'affection et de zèle pour tout ce qui intéressait la gloire de sa maison.

Cependant un lamentable événement vint tout à coup faire pour elle une cruelle diversion aux soucis que lui causait ce funeste procès. L'heure où elle devait éprouver la plus poignante douleur qui puisse faire saigner le

cœur de l'homme sur la terre, avait sonné. La comtesse
de Gurson, cette excellente et respectable mère, si chère
à sa tendresse, si nécessaire à son existence, fut atteinte,
au moment où l'on s'y attendait le moins, d'une maladie
dont les rapides progrès firent en peu de jours désespérer
de sa vie. Son infortunée fille effrayée, bouleversée, à
l'annonce de l'affreux malheur qui la menaçait, se hâta
de mettre tout en œuvre pour le conjurer. Elle répandit
son cœur devant le Seigneur avec ferveur et avec larmes ; elle fit prier de toutes parts ; elle appela à grands
frais les hommes de l'art les plus habiles ; elle-même, ne
s'en rapportant à personne pour les soins qu'exigeait la
pauvre malade, s'établit auprès de son lit de douleur, la
servant, la veillant jour et nuit, ne la quittant pas un
instant, et, par un violent effort sur elle-même, lui ca-
chant les alarmes et les angoisses qui torturaient son
âme ; mais hélas ! secours, prières, soins, tout fut inutile ; il plut à Dieu de rappeler à lui cette mère chérie,
que sa piété, sa vie exemplaire, sa charité inépuisable
et son inaltérable constance au milieu de tant et de si
cruelles épreuves, rendaient plus illustre encore que
tout l'éclat de son rang et de sa naissance : elle s'endormit du sommeil des justes le 22 janvier 1671, dans sa
soixante-dix-septième année.

Peu d'instants auparavant, la malheureuse fille étrei-
gnait encore entre ses bras sa mère expirante, comme
pour retenir le dernier souffle de vie qui lui échappait ;
et ce n'est pas sans peine qu'on l'arracha de sa chambre
pour lui épargner le spectacle déchirant du moment fatal.
On ne saurait exprimer le coup affreux, le déchirement

de cœur qu'elle ressentit, quand on vint lui annoncer
que tout était consommé; qu'elle n'avait plus de mère
sur la terre... Quoique peu maîtresse d'elle-même, dans
les premiers moments, elle ne s'abandonna pas cependant
à ces emportements et à ces excessives démonstrations
de douleur, assez ordinaires aux personnes de son sexe
en ces cruelles occasions; on ne l'entendit pas pousser
de ces cris et de ces lamentations qui sont souvent bien
plus un spectacle de pure affectation, que le signe d'une
affliction réelle et profonde.

Dès qu'elle fut un peu revenue à elle-même, elle se
prosterna aux pieds du Dieu qui la frappait et lui demanda force et courage pour supporter un si accablant
malheur. Elle voulut ensuite aller embrasser le corps de
sa mère chérie qu'elle ne devait plus revoir que dans le
ciel, et on ne put refuser à ses instances cette triste consolation. Qu'il fut douloureux et touchant le spectacle de
cette fille éplorée, le cœur brisé, arrosant de ses larmes
les restes inanimés de la plus vertueuse, de la meilleure
et de la plus aimée des mères! Elle désira avoir toujours
auprès d'elle un cœur qui avait été si étroitement uni au
sien. Elle le fit placer dans sa chapelle, vis-à-vis de l'endroit où elle se tenait pour entendre le saint sacrifice;
et ne voulant en être séparée ni pendant sa vie ni après
sa mort, elle ordonna dès lors qu'après son décès il fût
mis dans son cercueil et entre ses mains; ce qui fut exé-
cuté. Sa piété filiale n'épargna rien pour rendre à la mémoire de cette mère si chérie et si regrettée, tous les honneurs que demandaient son nom, son mérite et sa vertu.
Ses funérailles furent aussi pompeuses que saintes.

M. de Boux, alors évêque de Périgueux, en rehaussa l'éclat par son éloquence si connue à la cour et dans le royaume ; il prononça son oraison funèbre dans l'église des religieux minimes de Plagnac, où elle fut enterrée à côté du comte de Gurson, fondateur de ce couvent, au milieu d'un concours immense, formé des nombreux parents des maisons de Foix et de Lauzun, et de toutes les personnes de distinction que renfermait la province. L'illustre et malheureuse orpheline, surmontant sa douleur, voulut assister elle-même à une cérémonie si pénible pour son cœur, et mêla ses larmes à celles du célèbre orateur, qui joignit l'éloge de la fille à celui de la mère.

Après la mort de la comtesse de Gurson, Mlle de Foix se trouva non-seulement dans un cruel isolement, mais encore dans la position la plus embarrassée. Elle avait un énorme procès à soutenir, une fortune en désordre, des dettes assez considérables à acquitter et par-dessus tout une santé très-faible. Tout autre à sa place aurait sans doute tout abandonné et aurait cherché quelque paisible et honorable retraite pour y passer, dans le repos, le reste de ses jours. La pensée lui en vint à elle-même plus d'une fois, mais la crainte que la mémoire vénérée de sa sainte mère n'en reçût quelque atteinte, la lui fit repousser et lui donna le courage d'affronter tant de difficultés. De tous ces embarras, le plus sensible pour elle était sans doute celui que causait son procès. La nécessité de plaider, et de plaider contre un neveu, l'affectait péniblement et la seule pensée lui en était odieuse. Heureusement elle en fut bientôt délivrée par le changement qu'amena dans les affaires un événement inattendu.

Le jeune duc de Foix, qu'un retour récent à la piété, à la suite de cruels malheurs domestiques, ne rendait pas plus juste à son égard, fut atteint tout à coup de la petite vérole; le mal résista à tous les secours de l'art, et en quelques semaines, ce rejeton d'une illustre race succomba à l'âge de vingt-sept ans, dans les plus saintes dispositions et entre les bras de Bossuet, protégé de sa grand'mère, la marquise de Senecey, et devenu depuis son père spirituel, son guide et son ami. On lit dans l'histoire de ce roi des orateurs que, chargé cette année-là de prêcher l'Avent devant la cour, à la chapelle du Louvre, il devait ce même jour monter en chaire; mais Louis XIV, dont la grande âme sympathisait si bien avec tous les nobles et religieux sentiments, se plut à l'en dispenser, pour lui laisser la liberté de vaquer à un touchant ministère de religion et d'amitié. Le duc de Foix avait été précédé dans la tombe par sa femme, Charlotte d'Albert-d'Ailly-Chaulnes, enlevée deux ans auparavant, à la fleur de son âge. Leur unique fille ne survécut que deux ans à son père, et sa mort appela à la succession de tous les titres et de l'immense fortune de sa maison, Henri-François de Foix, frère unique du défunt, et qui prit dès lors le titre de duc de Foix.

Le nouveau duc de Foix hérita donc des prétentions de son frère à la succession en litige du feu duc d'Épernon, mais non de son injuste prévention contre sa vertueuse tante. Il se hâta de lui écrire pour lui en donner lui-même l'assurance, la priant de ne pas plaider avec lui, et remettant tout à sa décision. Il accompagna sa lettre de tant de marques d'estime et d'amitié, que Mlle de Foix ne put y résister un instant. Heureuse de trouver dans son neveu tant de droiture et de grandeur d'âme, avec tant de nobles qualités qui lui conciliaient l'estime générale et le rendaient si digne de son rang et de sa naissance, elle ne voulut pas lui ceder en générosité et en bons procédés, et se relàcha à l'instant, en sa faveur, de toutes ses prétentions. Prévoyant que son généreux désistement irriterait les deux cousins auxquels elle s'était unie et dont les intérêts en seraient lésés, elle s'empressa de leur faire connaître tous les motifs de cœur, d'honneur et de conscience qui lui en faisaient une loi, et s'efforça, mais en vain, de les leur faire agréer. Fermant les yeux à tout ce qu'une telle conduite avait de juste et de noble, ces cousins ne songent qu'à la perte qu'elle leur occasionne, et se mettent aussitôt en mesure de lui faire sentir leur mécontentement. Ils rompent brusquement avec elle, lui réclament une somme considérable qu'elle leur devait, la sachant hors d'état de la rembourser, et oubliant toute bienséance, sans lui accorder le moindre délai, ils font saisir tous ses revenus. Un procédé si outrageant aurait sans doute indigné, et à bon droit, une âme moins chrétienne; pour notre vertueuse fille, elle n'ouvrit son cœur ni au ressentiment ni à la vengeance; elle ne s'abaissa à aucun reproche, à aucune plainte indigne d'elle; elle se contenta de dire « qu'il était trop » juste que ses créanciers fussent payés; qu'ils avaient » droit de l'exiger, et que c'était à elle à trouver les » moyens de les satisfaire. »

Elle s'en occupa à l'instant, et quoique avec peine, elle

eut le bonheur d'y parvenir. Elle ne balança pas à s'exécuter elle-même et à faire porter à Bordeaux sa vaisselle
d'argent, aimant mieux se priver de cet objet de luxe,
que de voir ses domestiques ou ses pauvres souffrir du
désordre de ses affaires.

Au milieu de tant de soucis et d'inquiétudes, son courage et sa fermeté chrétienne ne se démentirent pas un
instant. Tout le monde en était touché et l'admirait. Une
seule de ses parentes fit mieux encore ; elle lui donna
une preuve réelle de son intérêt et de ses sympathies, en
mettant sa bourse à sa disposition, avec autant d'abandon que de délicatesse. Ce témoignage d'une généreuse
amitié attendrit profondément Mlle de Foix, elle n'en
perdit jamais le souvenir, et saisit avec empressement
toutes les occasions de montrer sa vive et tendre gratitude à une cousine [1] si digne de lui appartenir.

Dieu vint en aide à Mlle de Foix ; il bénit ses efforts et
ses mesures, et en peu de temps elle se vit déchargée du
lourd fardeau de ses dettes et de celles que lui avait lé-
guées sa vénérable mère. Reconnaissant que c'était à
une grâce spéciale de sa bonté qu'elle devait un tel bonheur, elle se crut plus étroitement obligée pour lui témoigner sa noble reconnaissance, de consacrer le reste de
ses jours à son service, et le bien qu'il lui avait conservé,
au soulagement de l'indigence et de l'infortune.

Dans cette pensée toute chrétienne, elle commença à
travailler au règlement de sa vie, déjà si sainte et si régulière, et à celui de sa maison et de ses aumônes. Dès

---

1. Tout porte à croire que cette noble et généreuse parente était la
marquise de Belzunce.

lors et plus que jamais la prière, les pieuses lectures,
quelques ouvrages de main et les devoirs de la charité
remplirent chacune de ses journées. Elle ne manquait
cependant à aucune obligation de politesse et de bienséance que lui imposait son rang, recevant et rendant
des visites à l'ordinaire. Elle disait avec raison, à ce sujet, que, « la piété ne doit être ni malhonnête, ni mal-
propre, ni incivile, ni sauvage. » Ainsi, sans négliger ce
qu'elle devait à la société, elle était tout occupée de son
salut et de celui de ses domestiques et de ses vassaux,
du bon ordre de ses terres et de ses charités, dont nous
aurons plus d'une fois à parler en détail.

C'est vers cette époque qu'elle fit un pèlerinage à Notre-
Dame de Guaraison, pour accomplir un vœu qu'elle avait
fait à la sainte Vierge, particulièrement honorée dans ce
lieu. On sait combien ce sanctuaire est vénérable par
son antiquité, le concours des fidèles qui y accourent de
toutes parts et les merveilles qui s'y opèrent chaque jour
et qui publient si hautement les effets de la puissante
intercession de notre bonne et sainte Mère auprès de son
divin Fils. Mlle de Foix les y ressentit d'une manière plus
sensible encore qu'à Verdelais.

Après avoir accompli son vœu, elle se prosterna au
pied de l'image vénérée de Marie, et lui ouvrant son cœur
avec un abandon tout filial, elle lui exprima combien
elle gémissait d'avoir encore tant de combats à soutenir
contre elle-même, de sentir trop souvent les mouvements
de son amour-propre et la révolte de la nature contre
son ferme propos de se détacher de tout pour être toute
à Dieu seul, et la conjura avec larmes de lui obtenir la

grâce de triompher entièrement de tant d'obstacles qui s'opposaient à son pieux dessein.

Cette grâce précieuse qu'elle jugeait si nécessaire à son salut et à son bonheur, lui fut accordée. Elle rentra chez elle pleine de consolation, de zèle et de courage. Dieu bénit et seconda ses généreux efforts, et en peu de temps il s'opéra en elle un si grand et si salutaire changement, qu'elle ne pouvait le comprendre et avait peine à se reconnaître.

Elle ne tarda pas à faire éclater ces nouvelles et saintes dispositions et sa fidèle correspondance aux grâces abondantes qu'elle avait recueillies dans son pieux pèlerinage, en endurant avec une ferme et généreuse constance de rudes croix dont elle fut bientôt encore éprouvée. Une si pure et si admirable vie ne fut pas à l'abri de la calomnie, et son héroïque charité dont ses journées n'étaient qu'un continuel exercice et qui répandait autour d'elle d'inépuisables bienfaits, ne l'empêcha pas d'avoir des ennemis cachés jusque dans Montpont. Ils tentèrent surtout de lui faire perdre cette réputation d'équité et de modération qu'elle avait si bien méritée et qui lui était chère, parce qu'elle la mettait à même de faire encore plus de bien.

Des faits controuvés et des témoins supposés donnaient quelque apparence spécieuse au mensonge et semblaient devoir en assurer le succès. Mais Dieu, qui ne voulait qu'éprouver la vertu de sa fidèle servante, ne permit pas qu'on en imposât longtemps au public; il rendit bientôt justice à notre sainte et illustre fille. Des commissaires consciencieux, envoyés secrètement pour prendre des informations, la justifièrent pleinement, et les lâches imposteurs furent réduits au silence et condamnés à la confusion. Elle les connaissait, quelques-uns d'entre eux avaient même participé à ses bienfaits; elle pouvait trouver chaque jour l'occasion de leur faire sentir l'indignité de leur conduite, et s'en venger; mais elle avait appris à l'école d'un Dieu persécuté et calomnié, à souffrir avec patience et à pardonner; et, à la grande édification de toute la ville, tous ces ennemis secrets de son repos et de sa vertu trouvèrent grâce auprès d'elle. Elle leur fit même du bien pour le mal qu'ils voulaient lui faire; elle prodigua ses bontés à leurs familles, et ils la trouvèrent eux-mêmes secourable dans leurs maladies et leurs nécessités. Telle fut toujours la noble vengeance des saints.

Mlle de Foix était à peine sortie de cette cruelle épreuve, qu'il lui survint une affaire d'honneur qui l'affecta vivement. Un grand seigneur de sa province et son voisin, crut avoir à se plaindre d'elle, parce qu'elle était entrée dans les intérêts d'une illustre veuve qu'elle aimait pour elle-même, et aussi comme parente de l'une de ses cousines-germaines, fort chère à son cœur. Ce seigneur, pour lui faire sentir son mécontentement, s'avisa un jour, sans nulle démarche préalable de politesse, de l'assigner pour avoir à lui céder une église paroissiale, située sur ses terres et devant par là même, selon lui, lui appartenir.

Il était assez nouveau pour Mlle de Foix de voir un huissier jusque dans sa chambre; ce pauvre officier de justice était lui-même confus d'être obligé d'exercer ses

fonctions contre une personne d'une aussi haute qualité, et se confondait en excuses. Après l'avoir rassuré avec bonté et l'avoir engagé à faire son devoir, elle lui fit écrire, sous sa dictée, au bas de l'exploit : « Qu'elle con-
» sentait de tout cœur à ce que son noble voisin eût la
» première place, l'eau bénite et l'encens dans l'église
» en question ; qu'elle lui céderait très-volontiers et avec
» joie ces distinctions honorifiques ; mais qu'elle y met-
» tait une petite condition, c'est qu'il embrasserait la
» religion catholique, apostolique et romaine, et qu'il y
» assisterait régulièrement, les dimanches et les fêtes, à
» la sainte messe et aux offices divins. » Ces mots piquè-
rent au vif le seigneur protestant ; il n'en devint que plus furieux et porta l'affaire au parlement de Bordeaux. Mais cette sage compagnie qui s'égaya beaucoup de l'ingénieuse et spirituelle réponse de Mlle de Foix, reconnut bientôt que le droit était de son côté, et, prononçant en sa faveur, la maintint dans une possession affermie par plus d'un siècle de paisible jouissance.

Le vindicatif seigneur, exaspéré d'une si éclatante dé-
faite, et ne comptant plus sur la justice, pour la rendre l'instrument de sa vengeance, forma aussitôt le dessein de l'exercer lui-même. Un beau jour il réunit un grand nombre de gentilshommes, et les entraîna sur les terres de Montpont, où ils chassèrent sans permission toute la journée. Mlle de Foix ne fut prévenue de cette grossière insulte que le lendemain.

Elle y fut très-sensible ; cependant elle eut assez d'em-
pire sur elle-même pour ne pas le témoigner, et se contenta de se tenir sur ses gardes pour s'opposer énergi-

quement à toute récidive de la part de son insolent voisin, récidive qu'il était assez facile de prévenir. En effet, peu de jours après, elle apprit, la veille, que le lendemain il devait renouveler sa belle équipée et courir le cerf à l'extrémité des bois de Montpont. Cette fois elle fut un peu moins maîtresse d'elle-même et ce nouvel affront bouleversa son cœur. Cependant elle sut se contenir, et elle prit des mesures si pleines de sagesse et de fermeté que, sans recourir à aucun moyen violent, elle rompit la partie de chasse avant qu'elle fût entièrement commencée. A peine arrivés au rendez-vous, le seigneur et ses compagnons durent aussitôt se retirer, honteux et ulcérés, et après avoir appris à leurs dépens qu'il n'était pas si aisé d'exécuter une insulte contre une princesse de Foix que de la méditer.

Cette affaire eut un grand éclat dans toute la province, elle fit du bruit même à Paris, et MM. les maréchaux de France approuvèrent la conduite de Mlle de Foix. Elle reçut de toutes parts des louanges et des félicitations, tandis que sa piété lui faisait de secrets reproches sur l'excès de sensibilité où elle s'était laissée aller en cette circonstance. Elle en gémissait amèrement devant le Seigneur: « Pourquoi, ô mon Dieu, lui disait-elle, m'avez-
» vous donné un cœur si peu capable de souffrir les in-
» jures et les mépris ? Pourquoi peut-il encore ressentir
» d'autres impressions que celles de votre saint amour ?
» Faut-il donc, Seigneur, que de vils intérêts humains
» me rendent si sensible aux affronts, et que j'aie la té-
» mérité de vous offenser sans en être aussi touchée que
» je devrais l'être ? »

Jamais il n'y eut de vertu plus constamment éprouvée que celle de Mlle de Foix. Une de ses plus grandes croix était sans doute sa surdité, qui fit de si désolants progrès qu'il devint impossible de rien lui faire entendre que par signes. Ce malheur l'affecta sans doute, mais il ne put l'abattre. Elle le supportait avec une force d'âme et un courage si extraordinaire qu'elle en paraissait moins touchée que les personnes qui l'entouraient, et qui ne pouvaient soutenir l'idée de la voir comme exclue du commerce des hommes pour le reste de ses jours. Heureusement cette excellente et ingénieuse personne finit par trouver le moyen de diminuer les inconvénients de cette déplorable infirmité, et inventa pour elle l'art d'entendre pour ainsi dire par les yeux. Le fait paraîtrait incroyable s'il n'était attesté par son pieux biographe, qui appelle en témoignage la province entière où il écrivait et qui en avait été le témoin.

Voici ce moyen merveilleux qu'elle imagina. Elle fit peindre sur un morceau de bois ou de carton en carré toutes les lettres de l'alphabet, d'une grandeur raisonnable. Il y avait six lettres dans chacune des quatre lignes qui composaient cet alphabet, ordre invariable pour qu'on trouvât plus vite et avec moins de peine celles dont on avait besoin. On lui marquait avec une touche les lettres nécessaires à la formation des mots destinés à exprimer ce qu'on voulait lui dire, et son esprit était tellement pénétrant qu'elle était au fait, avant même qu'on eût achevé, et elle répondait avec tant de promptitude et de justesse, qu'on aurait eu de la peine à se persuader qu'elle était sourde. Les demoiselles qu'elle avait auprès

d'elle, et qui lui parlaient sur cet alphabet, en avaient
pris un tel usage et le faisaient avec tant de vitesse, que
les conversations qu'elle soutenait avec elles et où elle
mêlait toujours tant d'esprit et de charme, ne tombaient
jamais. C'était un sujet d'admiration pour tous les visiteurs du château de Montpont, et ils avouaient que tout
ce qu'on leur en avait dit, était encore au-dessous de la
réalité. Mlle de Foix se servait elle-même de cet alphabet
toutes les fois qu'elle avait quelque chose de secret à confier à quelqu'un. On pouvait ainsi avoir publiquement
avec elle des entretiens muets, dont le secret était impé-
nétrable.

Grâce à cette ingénieuse invention, Mlle de Foix put
continuer à recevoir et à rendre des visites, à traiter de
ses affaires et à prêter sa charitable médiation pour celle
des autres, c'est-à-dire en se faisant l'arbitre des diffé-
rends et des procès des gentilshommes de son voisinage
et de ses vassaux, qu'elle parvenait presque toujours à
accorder; tant il était difficile de résister à la force de
ses raisonnements, à l'entraînement et aux charmes de
son esprit conciliant ! Ainsi elle seule souffrait de son
infirmité puisqu'elle ne l'empêchait pas de se rendre
utile à son prochain; et avec quel admirable dévouement
elle se portait à l'accomplissement de ce doux et important devoir de la charité, dont le sentiment était si vif
dans son cœur religieux, et qu'elle regardait d'ailleurs
comme une étroite obligation de son rang !

Elle s'était fait une loi inviolable de recevoir indistinc-
tement tout le monde. Quoiqu'elle eût consacré pour ses
audiences un temps assez considérable de la matinée, on

pouvait se présenter chez elle à toute heure, à tout moment de la journée, pour lui demander des conseils, lui présenter des requêtes, porter des plaintes. Personne n'était repoussé, personne n'attendait ; tout le monde recevait un prompt et bienveillant accueil, et surtout les pauvres qui avaient la préférence sur tous les solliciteurs. Elle écoutait avec bonté leurs plaintes, et, si elles étaient fondées, bonne justice leur était aussitôt rendue, ou par elle ou par ses officiers. Le récit de leur misère ne la trouvait pas moins sensible, et sa bourse était ouverte pour la soulager.

Mais ces occasions d'opérer chaque jour le bien chez elle ne pouvaient suffire à l'ardente et inépuisable charité de sa belle âme, et elle savait s'en créer de nouvelles au dehors. Ainsi, elle se plaisait de temps en temps à faire la visite de ses terres et de celles du duc de Foix, qu'elle administrait par obligeance pour un neveu qu'elle honorait de son estime et de son affection. Dans ces visites, jamais assez nombreuses, au gré de ses vassaux, chacun de ses pas était un bienfait, chacune de ses actions un acte de justice ou de miséricorde, chacune de ses paroles, un conseil, une leçon ou une grâce. Partout elle encourageait la bonne conduite, elle réprimait le vice, elle soulageait la pauvreté, elle consolait l'infortune, elle étouffait les procès, elle réconciliait les cœurs divisés, elle rendait justice à tous; partout elle portait le bonheur, l'union, l'amour de la religion et de la vertu. Aussi, toujours son arrivée était saluée par des acclamations de joie; mille bénédictions, mille actions de grâces accompagnaient son départ et chacun nourrissait l'espoir

de revoir bientôt la meilleure, la plus douce, la plus bienfaisante des maîtresses.

Dans ces charitables visites, notre noble et sainte fille
n'avait garde d'oublier les églises. Elle s'informait avec
soin de ce qui pouvait leur manquer pour l'honneur et la
dignité du culte, et se faisait un devoir d'y pourvoir à ses
frais. Plusieurs de ces églises, par suite de la misère des
lieux ou de la négligence de leurs pasteurs, n'avaient que
des vases sacrés en étain, pour les saints mystères; elle vit
avec douleur cette indécente pauvreté, et leur donna des
vases sacrés en argent. Les églises même étrangères à
ses terres participaient souvent aux pieuses libéralités de
son zèle pour la maison de Dieu. Passant un jour devant
une de ces églises, dont la porte était ouverte, elle descendit
de voiture pour y entrer et y adorer le saint Sacrement,
ainsi qu'elle avait coutume de le faire dans ses voyages.
Le curé, prévenu de sa présence, accourut pour la recevoir,
et lui proposa de lui montrer une épine de la sainte couronne de Notre-Seigneur, que possédait cette église, et
qui excitait la foi et la vénération de toute la contrée.
Mlle de Foix accepta avec grand empressement et contem-
pla avec autant de consolation que de respect, une si
précieuse et si auguste relique. Mais quelle surprise et
quelle indignation n'éprouva-t-elle pas lorsqu'elle remar-
qua qu'elle était misérablement renfermée dans un vieux
reliquaire d'étain, tellement noirci par le temps et par
suite d'une coupable négligence, qu'elle eut d'abord de
la peine à croire qu'il ne fût pas de plomb. Son émotion
pénible, dont tout le monde s'aperçut, ne put échapper au
pasteur, qui craignait avec raison qu'elle ne le rendît

responsable d'une si incroyable négligence. Elle voulut bien cependant lui épargner tous les reproches qu'il méritait. Mais le soir, rentrée chez elle, son premier soin fut de dessiner de sa main un reliquaire, et le lendemain matin même, elle envoya un exprès à Bordeaux pour en commander un d'argent sur ce modèle. Elle le reçut assez promptement, et se hâta de l'envoyer au curé pour qu'il eût à y enchâsser la sainte relique.

Dans le cours de ces mêmes visites, Mlle de Foix non-seulement faisait éclater sa piété en décorant les temples du Seigneur, mais encore elle employait tout son zèle au maintien et à la défense de la vraie foi, en réprimant les entreprises des religionnaires et de leurs ministres ; nous n'en citerons ici qu'un exemple mémorable, qui honore à la fois sa religion et son caractère. Mais disons auparavant, pour prévenir le jugement injuste de quelque lecteur léger et irréfléchi, que ce zèle qui paraîtrait aujourd'hui déplacé et exagéré était aussi naturel que légitime au temps où vivait notre sainte fille. Alors le calvinisme, quoique affaibli depuis le ministère du cardinal de Richelieu, était encore puissant par le nombre et par la qualité de plusieurs de ses sectateurs ; alors il se montrait ardent, intolérant, persécuteur, ennemi du pouvoir, comme de la vraie religion ; alors enfin, le souvenir récent d'un siècle entier de révoltes, d'appels à l'étranger, de profanations, de sacriléges, de dévastations et de carnage dont il avait affligé l'Église et la patrie, ne pouvait que le rendre doublement odieux à tout cœur chrétien et français, et toute personne, revêtue de puissance et d'autorité comme Mlle de Foix, se croyait obligée en honneur

et en conscience d'aider le Gouvernement de tous ses
moyens, pour arrêter les empiétements d'une hérésie si
funeste et si redoutable.

Il y avait donc à Eymet, petite ville de l'ancien diocèse
de Sarlat, et dont le duc de Foix était gouverneur, un temple
protestant très-ancien, non autorisé par les édits de Nantes
et de Nîmes, et conservé par la pure tolérance de ses
seigneurs. Autorisée par cette tolérance, l'hérésie triom-
phait dans cette localité, s'étendait chaque jour, et chaque jour exerçait impunément contre les catholiques infé-
rieurs en nombre, mille vexations, mille avanies. Mlle de
Foix, chargée d'administrer les biens de son neveu, le
duc de Foix, et munie de ses pleins pouvoirs, gémissait
de ne pouvoir arrêter le mal. Enfin le Gouvernement lui
en fournit un jour le moyen, en lui donnant l'ordre de
procéder à la destruction de ce temple. Mlle de Foix se
hâta de l'exécuter, mais après avoir pris les plus sages
mesures pour éviter les suites funestes qu'aurait pu avoir
ce coup d'État inattendu et dont aurait saigné son cœur,
où brûlaient à la fois le zèle et la charité. L'édifice cal-
viniste tomba sans opposition, et si le lendemain une
foule ameutée se montra sur la place, l'apparition subite
d'un fort détachement, envoyé secrètement de Bordeaux
par le gouverneur de la province, le maréchal d'Albret [1],
suffit pour lui en imposer et rétablir l'ordre un ins-

1. César Phébus d'Albret, appelé d'abord le comte de Miossins, maréchal de France, chevalier des Ordres, gouverneur de la Guyenne,
mort en 1676, ne laissant de sa femme, Madeleine de Guénegaud,
qu'une fille, mariée 1° à son cousin le prince de Pons, et 2° au prince
Charles de Lorraine, comte de Marsan, mort en 1755, etc.

tant troublé, sans qu'il y eût un seul coup de fusil de
tiré.

Mlle de Foix s'empressa d'écrire au chancelier de
France pour lui rendre un compte fidèle de tout ce qui
s'était passé à Eymet et de la conduite qu'elle avait tenue.
Ce haut personnage trouva cette conduite pleine de sagesse et digne de tout éloge, et la lettre de notre sainte
fille lui parut si remarquable qu'il crut être agréable au
roi, en lui en donnant lecture.

Pour punir Eymet de sa rébellion, on la priva de l'a-
bonnement, et elle fut remise à la taille; mais Mlle de
Foix, toujours bonne et secourable, employa son puissant crédit et obtint bientôt que cette ville rentrât dans
tous ses anciens priviléges. Les catholiques y furent désormais en paix, et le nombre des hérétiques y diminua
chaque jour ; pouvait-elle recueillir une plus douce récompense de son zèle pour la foi de ses pères?

C'est vers cette époque que, pressée par ses amis qui
gémissaient de l'inefficacité de tous les remèdes, pour sa
malheureuse infirmité, Mlle de Foix essaya des eaux de
Baréges, que Mme de Maintenon venait de mettre en vo-
gue, en y conduisant le jeune duc du Maine. Pour se
rendre le Ciel favorable, elle redoubla ses prières et ses
bonnes œuvres, et bravant tout respect humain, elle ne
craignit pas de conduire, à sa suite et à ses frais, de
pauvres femmes infirmes qui déparaient étrangement,
aux yeux du monde, l'équipage d'une princesse,
mais qui l'honoraient auprès de Dieu. Malgré de si saintes
dispositions, il ne plut pas à ce Dieu, dont les desseins
sont impénétrables, de lui accorder sa guérison; sa sur-

dité résista à la vertu des eaux, comme la claudication du fils du grand roi, et elle n'emporta de son voyage, souvent répété, que les impressions des magnifiques scènes que les Pyrénées avaient offertes à sa religieuse admiration, la conscience des bienfaits dont elle avait semé tous ses pas, et le mérite d'une résignation que rien ne pouvait ébranler. Et en quels termes touchants elle exprimait cette admirable résignation !

« Je prends, disait-elle quelquefois, mon incommodité
» et les autres croix qu'il plaît au Seigneur de m'envoyer
» comme me venant de la main d'un bon père, qui sait
» ce qu'il me faut. Je me console dans l'espérance qu'il
» voudra bien m'en tenir compte pour l'autre vie; mais
» j'avoue que je n'ai pas la vertu d'en souhaiter de nou-
» velles, ni de demander à Dieu, comme quelques per-
» sonnes de ma connaissance, de faire mon purgatoire
» dans ce monde ; j'aime mieux m'abandonner absolu-
» ment à sa miséricorde, et pour celui - ci et pour
» l'autre. »

Le Seigneur, qui se plaisait à épurer de plus en plus cette grande âme, ne tarda pas à lui envoyer une de ces nouvelles croix qu'elle n'avait pas le courage de deman-der. Elle lui fut d'autant plus sensible, qu'elle fut pré-cédée d'une grande joie de famille, et que sa piété si vraie, si sincère et si éclairée, ne fermait son noble et tendre cœur à aucune des affections légitimes.

Le nouveau duc de Foix, dernier rejeton de son illustre race, n'ayant pas d'enfants, elle voyait avec une extrême douleur son nom sur le point de périr, et sa maison à la veille de s'éteindre. Elle s'adressa à saint François de

Paule, qui lui inspirait une grande dévotion, pour obtenir de Dieu, par son intercession, qu'il daignât féconder enfin le mariage de son neveu. Elle porta celui-ci et la duchesse, sa femme, à s'associer à son vœu, et ils s'empressèrent d'envoyer de Paris, à cet effet, un grand tableau à l'église des Minimes de Plagnac, qui en ornèrent l'autel de ce glorieux saint.

La grossesse de la duchesse de Foix qui survint peu de temps après, semblait annoncer que Dieu avait exaucé ce vœu de la piété. Mlle de Foix en fut transportée de joie, comme sa noble maison, et oublia un instant les longues infortunes de sa vie. Elle se hâta de signaler sa juste reconnaissance envers le Seigneur par de publiques actions de grâces, qu'elle lui fit adresser dans toutes les églises de ses terres, et d'abondantes aumônes distribuées extraordinairement à tous les pauvres de la ville et de la campagne. Elle fut choisie avec le duc de Roquelaure [1], père de la duchesse de Foix, pour tenir sur les fonts baptismaux cet enfant si chéri et dont on attendait la naissance avec une si vive impatience. On désira qu'elle fît le voyage de Paris pour l'auguste cérémonie. Quelque peine qu'elle eût à s'eloigner de sa chère solitude, elle ne crut pas pouvoir refuser cette satisfaction à une famille qu'elle aimait à tant de titres, et qui avait pour elle tout le respect et toute l'affection que commandait son rare mérite.

1. Gaston de Roquelaure, duc et pair de France, marquis de Laverdeux, comte de Grave, de Pontgibaud, etc.; lieutenant général, gouverneur de Guyenne et chevalier des Ordres, décédé en 1683, âgé de 68 ans et veuf de Charlotte-Marie de Daillon de Lude, morte en 1653, à l'âge de 21 ans.

Mais, hélas! pendant qu'elle faisait ses préparatifs de départ, cet enfant de tant de vœux, de larmes et d'espérances, mourut le septième mois, presque avant de naître; toute la joie qu'il avait donnée, se convertit en une amère douleur, et, peu d'années après, son noble père, en descendant dans la tombe, devait laisser le nom de cette branche de la maison de Foix, condamné à ne plus vivre que dans l'histoire.

Ainsi voit-on, d'après les décrets de Dieu, seul grand et immuable, finir les plus antiques et les plus illustres maisons, tandis que d'autres, sans ancienneté et sans nom, sortant de l'obscurité à laquelle elles paraissaient destinées, s'élèvent sur leurs ruines, et, profitant de leurs dépouilles, parviennent quelquefois aux honneurs et à la puissance, comme pour nous donner le triste spectacle de l'instabilité et du néant des choses humaines.

La fatale nouvelle arriva à Montpont la veille même du jour que Mlle de Foix avait fixé pour se mettre en route. Le château était rempli des personnes qui venaient recevoir ses adieux et lui offrir leurs vœux. Nul n'osait encore lui annoncer le cruel événement; mais elle le devina bientôt à l'émotion et à l'embarras qu'elle aperçut sur toutes les physionomies. Saisie d'un coup si imprévu, elle tomba sans connaissance entre les bras de ses femmes. Revenue à elle au bout d'un quart d'heure, elle donna d'abord un libre cours à ses soupirs et à ses larmes; mais bientôt un regard sur son crucifix sembla la calmer; après l'avoir contemplé quelques instants en silence, avec confusion et attendrissement, elle laissa échapper ces belles et chrétiennes paroles : « Ce malheur m'est

» arrivé, Seigneur, parce que mes péchés ont mérité ce
» châtiment, et il ne m'est arrivé que par votre volonté :
» que votre saint nom soit béni!

Elle se rendit aussitôt à sa chapelle, pour épancher
plus librement son âme affligée dans le sein du divin
consolateur et lui offrir son sacrifice. « Je souhaitais,
» vous le savez, Seigneur, lui disait-elle, ne point voir
» l'extinction de ma maison; je vous l'avais demandé, et
» peut-être avec trop d'ardeur. Tout me disait que vous
» aviez exaucé la prière de votre servante, et vous avez
» lu dans mon cœur la joie et la reconnaissance dont le
» pénétrait l'espoir d'un tel bienfait. Maintenant que j'ap-
» prends que vous n'avez pas voulu conserver la vie à ce
» cher enfant que je regardais comme accordé à mes
» vœux, vous voyez dans ce pauvre cœur bien plus de
» douleur que je ne voudrais; mais vous y voyez aussi
» du moins de la résignation à votre adorable volonté.
» Oui, mon Dieu, je me soumets à vos ordres; je les ré-
» vère; je veux tout ce que vous voulez; je vous fais le
» sacrifice de ce cher enfant, et je vous rends grâce de
» l'affliction que vous m'envoyez, persuadée que vous
» en tirerez votre gloire, et que, par votre miséricorde,
» elle m'avancera dans la voie de mon salut. »

Après être restée assez longtemps aux pieds de son
Dieu, elle rentra chez elle plus forte et plus calme, sans
perdre le sentiment de sa douleur qui ne fut pas d'un
jour, et que les compliments de toute la province venaient
souvent renouveler. C'est ainsi que la piété, la raison et
la fermeté soutenaient toujours cette âme supérieure
dans les plus cruelles épreuves.

Peu d'années après, elle en fournit encore une grande et touchante preuve. La mort depuis longtemps avait appesanti sa faux sur sa famille et ne cessait de frapper. De tant de frères et de sœurs, elle ne lui avait laissé que l'abbesse et dame de Saintes, Françoise II de Foix, qui avait succédé à sa sainte et illustre tante, dont nous avons déjà parlé. Elle lui était par là même doublement chère ; la piété avait encore resserré entre elles les doux liens du sang et de l'amitié. Leur correspondance était intime et fréquente ; chaque année, Mlle de Foix allait passer quelques jours auprès de cette sœur chérie. Elles s'encourageaient mutuellement par leurs exemples et leurs pieux entretiens à la pratique des vertus propres à leur état, et à l'amour d'un maître qu'elles servaient avec une égale ferveur, quoique dans une condition différente. Il y avait vingt ans que la sainte abbesse gouvernait cette célèbre communauté avec autant de gloire que d'édification, lorsqu'une maladie soudaine la précipita dans la tombe en très-peu de jours et à un âge encore peu avancé. Une perte si cruelle et si inattendue trouva Mlle de Foix soumise et résignée ; mais elle porta dans son cœur une vive et profonde douleur. Pour la soulager elle s'efforça d'ajouter encore aux honneurs que l'abbaye ne manqua pas de rendre à la mémoire d'une abbesse si digne de tous ces regrets ; elle fit composer et publier sa vie, afin de sauver son nom de l'oubli du tombeau, et de conserver aux siècles futurs l'édifiant exemple de ses vertus et de ses bonnes œuvres. A ce soin pieux, elle joignit les vœux les plus ardents pour qu'une nouvelle abbesse, de mérite et de piété, pût adoucir, à une maison qui lui était toujours si chère, l'amertume de la perte qu'elle venait de faire. Ses vœux furent exaucés par l'élévation à la dignité abbatiale de sa nièce, Charlotte de Caumont-Lauzun, qui marcha glorieusement sur les traces de ses saintes parentes. Mais, hélas! quelques années après, Mlle de Foix devait avoir la douleur de la pleurer elle-même avec la consolation toutefois de la voir dignement remplacée par Marie de Durfort de Duras, une des plus grandes et des plus illustres abbesses qui aient gouverné cette célèbre et sainte communauté.

Des épreuves si pénibles et si souvent répétées altérèrent la santé si faible de Mlle de Foix. A des infirmités habituelles, se joignit tout à coup une douleur au bras, si incommode et si aiguë, qu'elle ne pouvait plus se servir de ce membre. Comptant les souffrances pour rien, elle méprisa d'abord son mal, mais enfin elle fut obligée de suivre l'ordonnance des médecins qui l'envoyèrent encore dans les Pyrénées aux eaux de Bagnères. Elle y fit un assez long séjour, plus utile encore aux autres qu'à elle-même. Églises, monastères, indigents, malades, infirmes, tout ressentit les effets de sa tendre et inépuisable charité. Malgré tout le soin de son humilité à dérober aux hommes le secret de tant de bonnes œuvres, elles furent bientôt connues : la reconnaissance les publia, et elle ne pouvait faire un pas sans être entourée d'un concert de bénédictions et d'actions de grâces qui alarmait sa vertu, autant qu'il touchait son cœur. Enfin toutes ses ressources épuisées, dépouillée de tout jusqu'à son linge de corps, réduite au seul vêtement qui la couvrait, ayant à peine de quoi fournir aux frais de son voyage, elle reprit le chemin de sa solitude. Elle rentra un peu soulagée dans ses douleurs, et heureuse surtout du bien qu'il lui avait été donné de faire dans son excursion.

Peu de temps après, une calamité qui affligea et désola presque toute la France, la mit à même de faire éclater son héroïque charité d'une manière plus admirable encore. Nous parlons des fatales années de 1692, 93 et 94, qui vinrent tout à coup arrêter le long cours des prospérités du glorieux règne de Louis XIV, et comme préluder à cette suite de revers et de malheurs domestiques que le grand roi sut tourner encore à sa gloire, par l'héroïsme de ses efforts, la noble fermeté de son caractère et la magnanimité de sa constance. Pendant ces trois funestes années, presque toutes les provinces du royaume furent en proie au double fléau de la misère et de la mortalité, et, au milieu du deuil général, les victoires que remportaient encore nos armées, étaient une faible consolation pour le monarque et pour la nation.

Les pays le plus cruellement frappés furent le Périgord et le Limousin ; la stérilité y fut complète, et l'intempérie de l'air y sévit dans toute son intensité ; la famine et les maladies contagieuses dévoraient les malheureux habitants. Les villes y devinrent bientôt de tristes et affreuses solitudes, où régnaient l'horreur et le désespoir ; les campagnes abandonnées et les champs sans culture, offraient un aspect hideux ! partout la désolation, partout l'image de la mort ; chacun craignant pour soi, ne pensant qu'à soi, la charité s'était comme éteinte dans les cœurs, et à chaque instant une multi-

tude de malheureux, repoussés et abandonnés, péris-
saient dans les convulsions de la faim, ou dans les angoisses de la maladie. C'en était fait de cette infortunée
contrée, si elle n'avait trouvé une providence, l'ange
même de la charité, dans Mlle de Foix, dont la générosité sublime et l'héroïque dévouement s'opposèrent aux
ravages du cruel fléau et lui arrachèrent tant de milliers
de victimes.

En effet, cette sainte fille jugea que dans une nécessité si extrême, sa bienfaisance devait être sans bornes ;
et comme son intelligence était à la hauteur de son noble
cœur, elle en régla l'exercice avec un ordre et une en-
tente d'autant plus remarquables, que l'admirable orga-
nisation des bonnes œuvres par l'apôtre de la charité,
saint Vincent de Paul, était encore récente et inconnue
sans doute dans cette province reculée.

Son premier soin fut de se procurer, n'importe à quel
prix, une énorme provision de blé dont elle remplit ses
greniers. Elle forma ensuite autant de services qu'il y
avait de classes de malheureux, et mit à leur tête des
personnes capables et zélées. Elle-même, oubliant son
âge et la faiblesse de sa santé, et bravant la contagion,
semblait se multiplier : elle était partout, voyait tout,
surveillait tout et animait tout. Son château, où presque
tout service de sa personne était suspendu, était consacré tout entier aux secours de la charité : son cabinet
même se convertit en pharmacie. Jour et nuit les portes
en étaient ouvertes pour accueillir la foule des malheureux qui s'y pressaient et s'y renouvelaient sans cesse :
leur nombre s'éleva habituellement jusqu'à 4,000! Les

pauvres aux prises avec la faim, recevaient du pain et des aliments, les malades des remèdes et des soins ; les convalescents des bouillons et jusqu'à des douceurs inconnues à ces pauvres gens, des biscuits et des confitures etc., etc. : les mourants, les secours de la religion ; les morts enfin, les honneurs de la sépulture. Trois boulangers ne cessaient de cuire du pain, des femmes de confiance de préparer des bouillons et des médicaments, et le médecin et l'aumônier, avec le clergé de la ville, étaient sur pied et le jour et la nuit pour remplir les saintes fonctions de leur ministère.

Cependant la calamité se prolongeait, le nombre des indigents et des malades paraissait augmenter, au lieu de décroître, le blé devenait de plus en plus rare, la provision s'épuisait, et après de si énormes dépenses fort au-dessus de la fortune de Mlle de Foix, l'argent allait manquer pour la renouveler. L'intendant crut devoir l'en avertir et même l'engager à consentir à quelque diminution dans les secours et à quelque retranchement dans le nombre et les gages de ses domestiques ; mais un cœur saintement embrasé des feux de la charité, recule difficilement dans la voie de la bienfaisance et ne connaît d'autres retranchements que ceux qu'il s'impose à lui-même. « Vous dites que le blé et l'argent vont me faire
» défaut, lui répondit-elle, et vous ne savez où j'en trou-
» verai ; mais j'ai de la vaisselle d'argent : il faut la
» vendre, je m'accoutumerai bien plus aisément à man-
» ger dans de l'étain qu'à diminuer mes aumônes, alors
» qu'elles sont devenues plus nécessaires. Quant à mes
» gens, je les garderai tous et aux mêmes conditions ; ne

» serait-ce pas une injustice à moi de faire de nouveaux
» pauvres pour soulager ceux qui le sont déjà ? »

On se disposait selon ses ordres, à porter sa vaisselle d'argent à Bordeaux, lorsqu'on vint lui proposer une somme considérable qu'elle emprunta avec empressement. Elle la mit à même d'acheter encore du blé à un prix excessif, et de continuer jusqu'à la cessation de cette longue et cruelle calamité de trois années entières, l'incroyable cours de ses longues et de ses charitables profusions. Tout le monde en fut dans l'admiration; son nom vola de bouche en bouche, et on ne le prononçait qu'avec attendrissement et avec amour. Les pauvres surtout la bénissaient, et dès ce moment, à la moindre maladie dont elle était atteinte, ils se précipitaient, alarmés et éperdus, au pied des saints autels, pour conjurer le Ciel de leur conserver leur chère et tendre mère, titre touchant qu'ils lui donnaient dans leur douleur, et qu'elle avait si bien acquis! Telle était la douce récompense que Mlle de Foix recueillait déjà sur la terre, de son incomparable charité, vertu de prédilection pour elle, qu'elle connut dès ses premières années et qu'elle pratiqua héroïquement jusqu'à sa mort. Nous aurons occasion d'en parler encore.

Elle était à peine remise des douloureuses émotions, des peines et des fatigues de cette époque désastreuse, qu'une nouvelle et amère tribulation vint la visiter, et faire éclater, comme toujours, le mérite et la gloire de sa religieuse et constante soumission aux ordres rigoureux de son Dieu. La mort, qui l'avait si souvent déjà plongée dans le deuil et les larmes, lui enleva tout à coup une jeune dame qui lui était chère, et de plus, comme indispensable dans son triste état de surdité. Cette dame appartenait à une famille estimable de la noblesse du pays, mais qui avait le malheur de suivre encore la religion pretendue réformée. Priée de lui servir de marraine, Mlle de Foix n'avait accepté qu'à la condition de pouvoir l'élever dans la religion catholique. Heureuse d'avoir arraché cette jeune enfant aux erreurs de l'hérésie, elle la regardait désormais comme sa fille et l'avait fait élever sous ses yeux avec un soin tout maternel. Son éducation achevée à l'abbaye de Saintes, elle l'avait retirée auprès d'elle, et n'avait pas voulu s'en séparer, même après l'avoir unie à un gentilhomme du voisinage. Mme de Lavagnac, c'était le nom de cette dame, avait toujours répondu à tant d'intérêt et de bontés, par sa gratitude, son attachement et sa vertu. Les charmes de son esprit et de son caractère, et l'habileté qu'elle avait acquise à communiquer avec sa généreuse bienfaitrice, à l'aide de l'ingénieux alphabet, faisaient la douceur et la consolation de sa solitude ! Aussi Mlle de Foix ressentit vivement sa perte, et une circonstance particulière ajouta un instant à sa douleur.

Mme de Lavagnac, prévenue de sa fin prochaine, parut d'abord, dans ce redoutable moment qui décide de notre sort éternel, se résigner difficilement à quitter une vie à laquelle d'ailleurs bien des liens semblaient l'attacher, puisqu'elle était jeune et mère. La tendresse et la piété de Mlle de Foix s'alarmèrent du danger d'une telle disposition. Elle crut devoir lui en parler avec ménagement sans doute, mais aussi avec sa franchise ordinaire.

La pauvre malade lui avoua ingénument et avec larmes, que la seule chose qui l'empêchait de faire généreusement son sacrifice, c'était la pensée si déchirante pour son cœur de laisser sur la terre ses trois chers enfants sans mère, sans appui et sans fortune. On devine la réponse de notre noble et vertueuse fille. Elle embrassa avec effusion la malheureuse mère et lui donna sa parole, s'il plaisait à Dieu de la rappeler à lui, d'élever chez elle les infortunés orphelins, comme elle l'avait élevée elle-même, d'en être la mère adoptive et de ne les abandonner jamais. Cette généreuse promesse mit le calme et la paix au cœur de la pauvre malade, elle se livra aussitôt entre les mains de sou Dieu, et sa mort fut douce et sainte comme toute sa vie avait été pure et exemplaire.

Mlle de Foix tint religieusement la parole qu'elle avait donnée, et que Mme de Lavagnac avait emportée dans le ciel. La petite famille, composée d'un fils et de deux filles, devint l'objet de ses soins et de sa sollicitude. Après l'avoir élevée sous ses yeux, elle pourvut à son avancement avec autant de zèle que de succès. Elle fit entrer le fils aux pages et ensuite dans la compagnie des gardes du corps commandée par son cousin, le duc de Lauzun, dont elle lui assura la bienveillante protection, et elle procura à chacune des filles un mariage convenable. Aucun d'eux ne fut oublié dans son testament. De si nobles exemples de générosité sont rares, et peu de lieux sans doute partageaient alors avec Montpont la gloire d'en offrir le spectacle à l'admiration publique.

Et cependant cet acte d'une générosité si sublime ne fut pour Mlle de Foix qu'une triste occasion de peine et de chagrin. Elle apprit bientôt que quelques personnes, mues par un vil sentiment d'envie et de jalousie, l'improuvaient. Quelques-uns allèrent même plus loin ; ils passèrent au blâme, aux insinuations injurieuses, à la calomnie enfin ; et la vie la plus pure, la plus sainte et la plus bienfaisante, fut de nouveau soumise à la plus cruelle des épreuves, à celle qui peut seule ébranler le juste. Notre vertueuse fille en fut profondément affligée, et ne trouva force et consolation qu'auprès de Dieu, témoin de son innocence, confident de ses peines et juge de ses actions. Quant aux calomniateurs, s'il leur fut donné de troubler un instant ce noble cœur, ils ne purent rien du moins contre sa réputation si bien établie ; ils ne recueillirent que le mépris et la honte. Plus tard, à la voix de leur conscience, ou sur l'injonction de leurs confesseurs, ils furent obligés à faire des excuses à celle qu'ils avaient en vain si indignement tenté de blesser dans son honneur. A l'exemple de Jésus-Christ, Mlle de Foix ne connut encore que la même vengeance, celle d'un pardon cordial et des bienfaits. Aussi ceux qui l'entouraient et qui avaient peine à comprendre une vertu si héroïque, dirent-ils plus d'une fois « que puisque ses grâces et ses » faveurs étaient prodiguées à ceux qui en avaient agi le » plus mal avec elle, il serait avantageux de les imiter, » s'il était possible de se décider à déplaire à une per- » sonne de son caractère. »

Cette sainte et magnanime conduite de Mlle de Foix condamne bien hautement tant de lâches chrétiens qui, à la honte de la religion qu'ils professent, s'établissent juges et vengeurs des injures qu'ils reçoivent, et oublient que le vrai courage, comme la solide gloire, consiste à se surmonter soi-même et à triompher des mauvaises passions du cœur.

Au reste, les injustes détracteurs de cette noble et sainte fille étaient en petit nombre, et l'immense majorité des habitants de Montpont et de la province lui prodiguaient et leurs hommages et leur admiration. On regardait comme un crime de lui refuser respect et affection. On vit rarement une personne élevée au-dessus des autres et exerçant l'autorité, honorée avec autant de sincérité et si universellement aimée. Les gouverneurs et les commandants partageaient ces sentiments, et eurent toujours une extrême attention à lui en donner d'éclatants témoignages, et à lui faire rendre tout ce qu'exigeait sa vertu bien plus encore que son rang et sa naissance.

Mlle de Foix qui, d'après les conseils de Dieu, était destinée à boire au calice de l'affliction jusqu'au terme de sa longue et sainte carrière, éprouva encore, peu d'années avant sa mort, une perte aussi douloureuse à son cœur, que funeste à la douceur et au repos de sa vie. Depuis longtemps elle avait auprès d'elle un médecin recommandable non-seulement par ses connaissances, mais encore par sa haute piété, son dévouement et les qualités les plus rares. Outre le soin de sa santé, elle lui avait confié de plus celui de ses affaires, ne se réservant que le droit de diminuer les redevances, d'adoucir les charges de ses vassaux, ou de donner souvent quittance de ce qu'elle n'avait pas reçu ; il les administrait avec tant de zèle et d'habileté, qu'il les avait mises sur le pied le plus prospère, après avoir éteint toutes les dettes dont elles étaient grevées.

Cet homme si cher, si utile et si nécessaire, lui fut tout à coup enlevé, et sa mort la plongea tout à la fois dans les larmes et dans le plus cruel embarras. « Dieu, » écrivait-elle à cette époque, m'a ôté mon père nourri- » cier ; sa mort me jette dans de grands embarras. Il faut, » à mon grand âge, commencer à prendre connaissance » de mes affaires et de la dépense de ma maison ; c'est » une occupation qui ne me convient guère ; mais le Sei- » gneur est le maître ; j'adore avec soumission les décrets » de sa divine providence sur moi. » C'est, en effet, à l'âge de près de quatre-vingt-six ans, sans nulle con- naissance acquise, sans nulle expérience de l'ordre et de l'économie domestique, qu'elle se voyait obligée de prendre en main la gestion de sa fortune ; cependant, grâce à son courage et à sa haute intelligence qu'elle conservait dans toute son intégrité, elle s'en acquitta aussi bien qu'aurait pu le faire une personne qui aurait joint à la force et à la vivacité de l'âge, le goût et une longue pratique de l'administration. Toute la contrée en était dans la surprise et l'administration.

Mlle de Foix entrait dans les moindres détails, réglant tous les soirs avec son maître d'hôtel, faisant sa recette, signant de sa main les quittances, donnant ses ordres pour les travaux, etc., etc. C'est dans sa chambre même qu'elle recevait ses paysans, et avec une bonté et une affabilité qui les charmait et les jetait presque dans la confusion. Elle accordait des délais aux uns, des remises aux autres, suivant leur position ; à tous elle témoignait un tendre intérêt, s'informant de l'état de leur famille, du nombre de leurs enfants, et les engageant à les élever dans l'amour de Dieu et du travail, et à leur donner toujours l'exemple de la bonne conduite et de la fidélité à tous les devoirs religieux. Enfin, en les congédiant, elle les assurait qu'elle priait Dieu de les bénir, et leur demandait de le prier aussi pour qu'il lui fît miséricorde à elle-même. Ces bonnes gens, de leur côté, ravis et attendris, en s'éloignant, la comblaient de bénédictions et lui disaient, dans leur patois périgourdin. « Puissiez-vous, » Mademoiselle, durer autant que la dernière pierre de » votre château, et que Dieu veuille vous rajeunir tous » les mois, comme la lune au firmament. » Naïves et touchantes expressions qui disaient si bien avec quelle ardeur ils sollicitaient du Ciel la conservation de leur excellente maîtresse et le profond attachement qu'ils lui portaient !

Souvent ils cherchaient à lui en donner un témoignage réel, en lui apportant des présents de fruits, de volailles, etc., etc. Mais notre noble et charitable fille ne les acceptait jamais à ce titre, qu'après s'être assurée qu'ils étaient dans l'aisance. Si elle les savait, au contraire, pauvres ou dans la gêne, elle les obligeait à en recevoir la valeur, quelque répugnance qu'ils eussent à prendre de son argent.

Rien ne marquait mieux le respect et l'affection qu'elle inspirait à tout le pays, que la manière dont se célébrait le jour anniversaire de sa naissance. L'église et la chapelle du château ne désemplissaient pas de toute la journée ; on y disait des messes pour elle toute la matinée, et l'affluence des personnes de toutes conditions qui accouraient pour la complimenter, était si considérable, que la dernière année, sa seule table fut composée de trois cents couverts.

Dieu qui, dans des vues de bonté et d'amour, avait résolu de purifier cette âme, si grande et si sainte, au creuset de toutes les épreuves, pendant son long pèlerinage sur la terre d'exil, ne se contenta pas de lui envoyer tant de contrariétés, de peines et de chagrins ; il lui ménagea encore les douleurs et les souffrances physiques, et elle les endura toujours avec le même héroïsme de courage, de patience et de résignation. Elle fut rarement sans quelque incommodité plus ou moins grave, et pour s'en préserver, elle ne prenait aucun soin, aucune précaution ; elle ne songeait qu'à en dérober le secret aux hommes, pour éviter des marques de sympathie et de compassion qui, en touchant son cœur si sensible, auraient pu diminuer le mérite de sa résignation auprès du Seigneur.

Tous ceux qui l'entouraient, en voyant sa santé si faible et si peu ménagée, reconnaissaient que ce n'était que par un miracle opéré en faveur de tout le pays et à la prière des pauvres, que la Providence lui conservait une vie qui aurait dû se terminer bien plus tôt. De tous les maux et de toutes les maladies qui se joignirent souvent à ces incommodités habituelles, le plus violent et le plus douloureux fut un rhumatisme aigu, dont elle fut atteinte quelque temps avant sa bienheureuse mort.

Pendant plusieurs jours, il lui causa, dans tous les membres, des souffrances si vives, si intolérables, que

l'on craignît qu'à un âge si avancé, elle ne pût y résister. Cependant, malgré la gravité de ce mal qu'elle jugeait elle-même mortel, elle se plaignit seulement de
l'impossibilité où la mettait cet excès de douleur de se
préparer à paraître devant Dieu, et de vaquer à ses exercices ordinaires de piété. Cette plainte, elle l'exprimait
d'une manière si touchante, qu'on en était attendri jusqu'aux larmes. Depuis sa guérison, elle ne cessait de demander au Seigneur de la préserver à sa dernière maladie de telles douleurs qui l'empêcheraient de penser à
lui, et nous verrons que ce vœu de sa piété fut exaucé.

Elle écrivait elle-même, à ce sujet, à son directeur, le
père du Caup, minime, à la date du 30 janvier 1706 :

« Il paraît bien, mon bon Père, que vous recevez rare-
» ment des nouvelles de Plagnac. J'ai été assez mal plus
» d'une fois, depuis votre départ ; mais depuis un mois
» j'ai été presque toujours mourante. Il y a surtout quinze
» jours que j'en passai huit dans un état qui me fit
» croire que je n'en pourrais échapper. Mon mal était
» des douleurs si violentes, que je souffrais plus que le
» martyre le plus cruel et que j'en perdais la raison. Bien
» loin, hélas ! de souffrir avec une entière soumission à la
» volonté de Dieu, je ne pouvais m'empêcher de me
» plaindre à lui, de ce qu'après une si longue et si mal-
» heureuse vie, la violence des douleurs que je souffrais
» me mettait en état de perdre mon salut. Cette pensée,
» mon bon Père, démontait ma raison d'une manière à
» faire pitié ! Mon état de surdité me privait de toute
» consolation ; j'en trouvais dans la seule lecture de
» l'*Imitation de Jésus.* Enfin, mon bon Père, le Seigneur,

» touché, comme je le crois, de la sincère crainte où il
» me voyait pour mon salut, m'a entièrement délivrée de
» ce cruel martyre, et mon tempérament que vous con-
» naissez assez bon semble vouloir rétablir ma santé. Je
» ne m'endors pas sur des espérances aussi frivoles et je
» vous dis franchement que je ne crois pas aller loin.
» Cette pensée ne me rend pas plus triste, et si je n'avais
» que celle-là qui troublât ma joie, j'ose dire que je serais
» plus gaie. Je suis une très-grande pécheresse, je le sais;
» mais je sais aussi que Dieu promet le pardon à qui est
» véritablement touché de repentir, et lui crie miséri-
» corde. Vous savez, mon bon Père, qu'on ne peut trom-
» per le grand Dieu qui connaît le fond de nos cœurs et
» tout ce qui s'y passe ; je suis assurée qu'il voit dans le
» mien des sentiments qui peuvent me faire espérer sa
» miséricorde avec le secours de ma bonne Mère et Maî-
» tresse, et si j'avais quelque désir à former à ce sujet,
» ce serait plutôt de mourir que de vivre, etc., etc. »

Enfin, l'année même qui devait terminer le long et triste
exil de cette sainte fille et l'introduire dans la céleste
patrie qu'elle avait si noblement conquise par tant
d'épreuves, de vertus et de bonnes œuvres, elle fut affligée d'une incommodité moins douloureuse sans doute,
mais plus pénible encore. Une fluxion tomba tout d'un
coup sur ses yeux et elle fut d'abord assez violente pour
en faire craindre les suites les plus fâcheuses. L'invin-
cible courage de Mlle de Foix, sous les coups de l'adver-
sité et des tribulations, fléchit un instant : son esprit s'ouvrit à l'inquiétude et son cœur à la douleur. Elle ne pouvait envisager sans frémir la triste perspective d'être à

la fois privée de l'ouïe et de la vue, et les larmes qu'elle versait sur son malheur en arrachaient à tous ceux qui l'entouraient. Mais bientôt, retrempée dans les admirables sentiments de sa foi et de sa piété, elle retrouva la paix et le calme, avec la force d'accepter d'avance, généreusement et avec une entière résignation, l'une des croix les plus accablantes qui puisse éprouver l'homme sur la terre. Pour rendre cette héroïque résignation plus méritoire, Dieu permit qu'elle crût toujours son mal plus dangereux qu'il ne l'était en effet et qu'elle portât cette cruelle appréhension de la cécité jusqu'au jour où la mort seule devait fermer ses yeux à la lumière.

Ce simple récit des principaux événements qui ont rempli la longue carrière de Mlle de Foix et qui manifestèrent avec tant d'éclat sa foi, son zèle, sa charité, sa patience, sa fermeté et sa constante soumission à la volonté de Dieu, suffirait sans doute pour faire juger de la sainteté de sa vie ; mais cette noble et vertueuse fille a donné d'autres exemples et pratiqué d'autres vertus, dont le détail, si glorieux pour elle, et si propre à édifier et à intéresser nos lecteurs, doit trouver ici sa place.

DEUXIÈME PARTIE

Mlle de Foix devait à la nature de si heureuses inclinations, et à sa fidélité à la grâce de si merveilleux progrès dans la vertu, que des personnes d'esprit et de piété
longtemps honorées de son intimité, après un exact examen de toutes ses actions, avaient à peine découvert en
elle l'apparence d'un défaut, et le proclamaient avec
admiration Quelques-uns, il est vrai, la jugeaient un
peu trop soigneuse peut-être de garder son rang et de
se faire rendre ce que demandait sa haute naissance.
Mais il est aisé de la justifier sur ce point, et de montrer
qu'elle sut, au contraire, admirablement trouver ce juste
milieu, si difficile dans la pratique, c'est-à-dire l'accord
de l'humilité chrétienne avec les grandeurs du siècle,
qui y sont si opposées.

Convaincue que tout pouvoir vient de Dieu et qu'il n'a
pour but que sa plus grande gloire et le bonheur des
hommes, elle regardait son autorité comme un don de la
Providence, qu'elle devait conserver et consacrer unique-
ment et sans cesse à l'intérêt sacré de la religion, à la
protection des opprimés, au soulagement des malheureux, à la répression des désordres, à l'encouragement

de la vertu. Ainsi, loin de craindre de se rendre coupable
en maintenant les hommages et le respect qui lui étaient
dus, elle croyait, et avec raison, remplir un devoir religieux, une obligation essentielle de sa vocation. A ses
yeux, cette obligation tirait pour elle une nouvelle force
de la population, aux deux tiers protestante, au milieu
de laquelle elle vivait et qui se serait livrée aux entreprises les plus coupables et les plus funestes, si elle
avait laissé briser les armes que Dieu avait mises entre
ses mains pour l'arrêter et la contenir. « Je suis persua-
» dée, disait-elle, à ce sujet, que loin d'offenser Dieu, on
» se conforme à sa sainte volonté, en se maintenant dans
» le rang où sa Providence nous a placés, sans chercher
» à s'élever au-dessus des autres par une usurpation de
» titres et de prérogatives aussi ridicule aux yeux des
» hommes que criminelle auprès de ce grand Dieu. Je
» vois penser ainsi, agir ainsi tout ce qu'il y a de plus
» saint dans le monde ; c'est la voie commune, et par con-
» séquent la plus sûre : j'y marche en confiance et dans
» l'unique vue du bon plaisir de Dieu, de sa plus grande
» gloire, et de l'utilité du prochain. » Elle ajoutait dans
une autre circonstance : « Si je ne me soutenais moi-
» même, à quoi ne se porteraient pas les protestants si
» nombreux dans cette contrée, qui me redoutent, mais
» ne m'aiment pas ? Comment arrêterais-je dans mes
» terres, comme c'est un devoir de conscience pour moi,
» les désordres contre la religion ou la justice ? L'immo-
» ralité régnerait impunément partout, ou je n'aurais
» qu'une ombre d'autorité, surtout dans ces jours si nou-
» veaux pour moi et si différents du bon vieux temps où

» je vois le simple gentilhomme vouloir s'égaler aux plus
» grands seigneurs et le bourgeois le disputer aux gen-
» tilshommes. Une vieille sourde, disait-elle encore,
» éloignée de sa famille, tombe aisément dans le mépris
» et dans l'impuissance de secourir la veuve et l'orphelin
» et de faire rendre à Dieu le culte qui lui est dû. Grâce
» à ce Dieu de bonté, j'ai évité ce malheur et j'ai la con-
» solation de ne voir ni impiété, ni injustice, ni scan-
» dales dans mes terres. »

C'est avec cette conviction et dans des vues si sages et si chrétiennes que Mlle de Foix exigeait aussi quelquefois des réparations de la part de ceux qui s'étaient permis de braver ouvertement son autorité ; mais elle le faisait toujours par des voies justes et légitimes, pleines de douceur et de modération : jamais de son propre mouvement, jamais sans prendre conseil de personnes droites et éclairées, pour ne point intéresser sa conscience et s'exposer à céder à l'impulsion secrète de l'amour-propre. Elle en recevait d'ailleurs souvent de spontanées qu'elle ne devait qu'au zèle et à la haute considération inspirés toujours par son mérite et sa personne aux gouverneurs et aux commandants de la province. Je n'en citerai ici qu'un exemple :

Un gentilhomme de son voisinage, d'une naissance et d'une fortune médiocres et d'une probité plus médiocre encore, était parvenu, par un heureux hasard, à un grade assez élevé dans l'armée. Infatué d'une position dont il était si peu digne, il se croyait tout permis et s'oublia un jour jusqu'à exercer des violences contre deux vassaux de M. le duc de Foix. Mlle de Foix, qui, comme nous l'avons dit, s'était chargée de l'administration des terres de son neveu, se hâta d'écrire à l'audacieux officier pour lui représenter l'injustice de sa conduite et l'engager à la réparer en indemnisant les victimes de sa brutalité ; mais sa lettre, quoique modérée et polie, ne fit que l'irriter, et il ne craignit pas d'aggraver encore ses torts en tenant publiquement les propos les plus inconvenants et les plus grossiers sur son compte. La Guienne avait alors pour commandant général Nicolas-Auguste de la Baume, marquis de Montrevel, maréchal de France, chevalier des Ordres, etc., mort quelques années après, le dernier de son illustre race, et avec la réputation d'un des meilleurs capitaines du règne de Louis XIV.

A peine fut-il instruit du grave manquement dont cet officier s'était rendu coupable envers Mlle de Foix, qu'il s'empressa de lui faire signifier l'ordre d'avoir à aller au plus tôt, en personne, faire d'humbles excuses à Mlle de Foix et à réparer les injustices dont il s'était rendu coupable envers les vassaux de M. le duc de Foix.

M. le maréchal fut obéi et se fit un devoir d'adresser lui-même à Mlle de Foix l'expression de ses regrets, de son respect et de son dévouement.

Voici sa lettre :

« Je voudrais, Mademoiselle, vous donner des marques
» de mon respect dans des occasions plus importantes
» que celle qui regarde le sieur de J...; vous auriez lieu
» d'être contente de l'attention que j'aurais à remplir sur
» cela mon devoir : car je reconnais que c'en est un indis-

» pensable quand on a l'honneur d'être dans une place
» comme celle que j'occupe, d'aller toujours au-devant
» de ce qui peut plaire à une personne qui joint tant
» d'excellentes qualités personnelles à une naissance si
» illustre. Faites-moi donc l'honneur de croire, Made-
» moiselle, que le pardon que je vous envoie demander
» par le sieur de J... est une des moindres choses que je
» voudrais faire pour mériter quelque part à l'honneur
» de vos bonnes grâces et que je le trouve même si fort
» au-dessous de ce que vous méritez, que je ne le croirais
» pas suffisant pour apaiser votre ressentiment, si je ne
» l'accompagnais de celui que je vous demande moi-
» même pour cet officier; vous assurant qu'il éprouvera
» des châtiments plus sévères, si jamais il s'échappe à
» vous manquer de respect dans les moindres choses.
» J'ajoute à cela, Mademoiselle, que si l'on se règle dans
» cette province par celui que j'ai pour vous, personne
» n'y sera jamais plus honorée, parce qu'on ne peut ajou-
» ter à ma considération infinie pour vous, non plus
» qu'au respect avec lequel je suis, Mademoiselle,

  » Votre très-humble et très-obéissant serviteur.

   » *Signé :* LE MARÉCHAL DE MONTREVEL. »

Mais Mlle de Foix, en recevant soit les égards et le respect que commandaient son haut rang et son noble
nom, soit les satisfactions imposées à ceux qui s'en
étaient écartés, savait pratiquer intérieurement l'humilité chrétienne qui ne perdait aucun de ses droits dans
une âme si solidement religieuse. Ces hommages et ces

satisfactions, elle les déférait par la pensée au Dieu à
qui seul appartiennent tout honneur et toute gloire. Elle
s'anéantissait profondément devant sa majesté et sa grandeur suprême ; elle gémissait de ne pouvoir, sans nuire
à l'autorité dont il l'avait revêtue, endurer pour lui les
mépris et les outrages, et enviait le bonheur de ceux qui
peuvent impunément s'élever à cet héroïsme. Elle saisissait avec un saint empressement toutes les occasions
où il lui était possible de pratiquer elle-même au dehors
et sans inconvénient une vertu qui lui était si chère.
Ainsi jamais elle ne prononçait une parole flatteuse sur
son compte ; jamais elle ne supporta l'éloge de son
mérite et de ses bonnes œuvres. Un jour, deux fades
complimenteurs ayant voulu vanter en sa présence la
grandeur de sa maison, si étroitement alliée aux rois de
France et à presque tous les souverains de l'Europe, elle
répondit à l'un « qu'elle ne se reconnaissait qu'une
» gloire, celle d'appartenir à Jésus-Christ par la renais-
» sance spirituelle du baptême, » et à l'autre : « Je crois
» être demoiselle : c'est la seule chose dont je me vante. »

Ainsi, je le répète, c'est très-saintement que Mlle de
Foix se maintint toujours dans la haute position où l'avait
placée la main de Dieu et qu'elle se montra jalouse de
son autorité : elle possédait le secret si rare d'être à la
fois grande et humble, c'est-à-dire toujours vraie et
solide chrétienne.

Mlle de Foix, comme déjà on a pu le remarquer, était
animée d'un vrai zèle pour la foi de ses pères. Elle crut
toujours que ce n'était pas assez pour elle de la reconnaître pour la seule véritable religion, enseignée par

Jésus-Christ et ses apôtres, confirmée par tant de miracles et par le sang de tant de martyrs ; mais qu'elle devait encore, à l'exemple de ses ancêtres, la soutenir de tout son pouvoir, travailler à la faire connaître et embrasser à ceux qui avaient eu le malheur de s'en séparer, s'opposer de tous ses moyens à tout ce qui pourrait lui être contraire, et c'est ce qu'elle ne cessa de faire avec une force et un courage dignes d'elle et d'un intérêt si sacré.

Jeune encore, elle donna une preuve de ce zèle religieux à la mort de son oncle maternel, François Nompar de Caumont de Lauzun, comte de Lauzun, chevalier des Ordres et capitaine de cent gentilshommes au Bec-de-Corbin. A la nouvelle de sa maladie, elle s'était rendue à Lauzun ; elle y fut bientôt suivie de toute la maison de Caumont La Force, alors encore aussi attachée au parti protestant qu'elle lui devint heureusement opposée quelques années après. Son noble chef, Jacques Nompar de Caumont, premier maréchal, duc et pair de France de son nom, mena avec lui un ministre, on ne sait à quel dessein. Avant qu'on se mît à table, ce ministre, oubliant qu'il était dans une maison de tout temps très-catholique, fît la prière à haute voix. Une telle inconvenance, qui pouvait avoir des suites, surprit et affligea Mlle de Foix, et elle ne le dissimula pas. Après le repas, elle joignit le comte de Lauzun, son cousin, et lui parla avec tant de force qu'il partagea toute son indignation. Ils se rendirent aussitôt ensemble auprès du ministre et lui firent de telles représentations, qu'il n'osa plus paraître et s'en retourna le jour même. Elle ne parlait jamais dans la

suite de cette action sans s'applaudir du saint courage
qu'elle avait montré en cette occasion, en présence du
vieux maréchal et de sa nièce, la comtesse de Lauzun,
qui suivait aussi la religion prétendue réformée, quoique
son mari fût catholique. Mlle de Foix aimait sincèrement
cette parente ; elle avait presque de la vénération pour
son rare mérite et pour sa vertu ; elle ne voyait rien en
elle, à sa religion près, qui ne fût digne de respect et de
louanges et elle avait toujours cru que Dieu, en récompense de tant d'excellentes qualités et de bonnes œuvres,
lui ferait la grâce de connaître un jour la vérité. Elle
formait souvent des vœux pour sa conversion et celle de
sa fille, la marquise de Belzunce, qui, ayant été élevée
par sa parente, la maréchale de Turenne [1], était la seule
de tous les enfants du comte de Lauzun qui eût le malheur d'être de la religion de sa mère. Le Seigneur, dans
son infinie miséricorde, exauça enfin les prières de sa
pieuse amitié, et l'une et l'autre, à la suite de longues et
savantes conférences avec le Père de la Chaise [2], confesseur de Louis XIV, abjurèrent le même jour l'erreur du
calvinisme et revinrent à la vraie foi. Mlle de Foix en

1. Charlotte de Caumont Laforce, fille d'Armand de Caumont
Laforce, deuxième pair et maréchal de France, de son nom, et de sa
première femme, Jeanne de Larochefaton, alliée en 1653 au célèbre
Henri de la Tour, vicomte de Turenne, maréchal général des armées,
emporté d'un coup de canon le 25 juillet 1675, et décédé sans enfants
en 1666, à l'âge de 45 ans.

2. François de la Chaise, jésuite, né en 1624, d'une famille noble
du Forez, et mort en 1709, à 85 ans, honoré des regrets de Louis XIV,
dont il dirigea la conscience pendant 34 ans, et de l'estime de tous ses
contemporains.

éprouva une vive et sainte joie et ne s'attacha que plus tendrement à deux parentes qui lui étaient déjà si chères. Elle regrettait seulement qu'on n'eût pas édifié le public en imprimant la relation de la sincère et touchante conversion de cette mère et de cette fille, l'une si vénérable par ses quatre-vingts ans et ses vertus, l'autre si remarquable par sa grâce, son esprit et la réunion des plus aimables qualités.

Elle eut plus tard l'occasion de déployer ce même zèle à l'époque de la révocation de l'édit de Nantes. Cet acte mémorable, qui, après avoir été approuvé, applaudi, exalté par un siècle éminemment religieux et éclairé, devait être, le siècle suivant, si injustement attaqué, si indignement calomnié par tous les ennemis de la religion et les aveugles détracteurs d'un grand et sage monarque, statuait, entre autres choses, que toutes les places de judicature ne seraient occupées désormais que par des catholiques. Mlle de Foix ne fut pas la dernière à le faire exécuter dans les terres du duc de Foix, son neveu. Elle eut même le regret d'en faire tomber la première application sur une famille protestante qu'elle estimait et qui était, depuis près de cent ans, dévouée à sa maison et attachée à son service. Elle crut cet exemple nécessaire pour convaincre les religionnaires de sa ferme résolution de ne reculer devant aucune considération, afin que la nouvelle loi eût le salutaire résultat attendu et que personne ne désirait avec plus d'ardeur que notre sainte fille. A ces moyens elle en joignait de plus doux pour ramener ses frères égarés dont elle aimait la personne tout en détestant les erreurs.

Elle cherchait souvent à les éclairer elle-même et leur parlait avec une solidité, une force et une éloquence naturelle que Dieu couronnait quelquefois du plus heureux succès. Combien de personnes de naissance ont avoué qu'après la grâce divine elles devaient leur conversion aux irrésistibles raisons qu'elle leur avait exposées avec tout le talent d'un homme versé dans la controverse, et surtout à l'onction si douce et si persuasive qui découlait de son noble et tendre cœur ! Il n'y avait pas de protestant, amené auprès d'elle par la politesse ou des affaires, qui ne devînt ainsi l'objet de son zèle, et si tous ne retiraient pas le même fruit de ses entretiens, tous du moins en étaient touchés ; tous rendaient justice à la pureté de ses intentions, comme à sa douceur, à sa patience, à son inaltérable charité. Mais elle ne se contentait pas de leur parler elle-même ; elle savait encore leur ménager des entretiens avec des personnes habiles et exercées qui achevaient heureusement ce qu'elle avait si bien commencé. Elle s'appliquait surtout à la conversion des gens de ses terres, et leur opiniâtreté et leur grossier entêtement ne pouvaient arrêter ses charitables efforts. Persuadée que chacun est en quelque sorte chargé de l'âme de son frère, par devoir de charité et de zèle pour la gloire de Dieu, et qu'il doit, selon son pouvoir et son état, travailler à son salut, elle ne négligeait rien pour arracher ces pauvres gens à de fatales erreurs qui compromettaient leur sort éternel ; elle priait, elle conjurait, elle pressait. Elle accueillait avec une extrême bienveillance tous ceux d'entre eux qui manifestaient le désir de s'instruire et d'examiner sérieusement, de bonne foi

et sans prévention, laquelle des deux religions était la
vraie. Elle les louait de leurs bonnes dispositions et les
faisait instruire chez elle par des prêtres ou des religieux
capables et habiles dans la controverse. Elle voulait
qu'on prît un temps considérable pour une affaire si importante, qui ne doit se traiter ni à la hâte, ni sans connaissance. Ce moyen lui réussissait assez ordinairement.
Ces bonnes gens ouvraient les yeux à la vérité, surpris
et malheureux d'avoir vécu si longtemps dans l'aveuglement et honteux d'avoir pu ajouter foi aux manifestes
impostures qu'on leur débitait contre la vraie religion.
Après une épreuve suffisante, ils étaient admis à faire
publiquement leur abjuration, dans la chapelle du château, au milieu d'un grand concours d'assistants, invi-
tés à cette touchante cérémonie, et ce jour était pour
Mlle de Foix un vrai jour de fête qui remplissait son cœur
d'une pure et sainte joie. Elle les renvoyait ensuite heureux et comblés des marques de ses bontés, et leur accordait tous les délais qu'ils désiraient. Pour assurer
leur persévérance, elle les recommandait d'une manière
particulière au zèle et à la vigilance de leurs curés. Si
elle en recevait de bons témoignages, elle les rappelait
auprès d'elle, se relâchait de ce qu'ils lui devaient, quelquefois de la moitié, et très-souvent de la somme entière,
se trouvant trop payée par la douce et sainte consolation
d'avoir retiré de la voie de l'erreur et de la perdition des
âmes achetées du sang de Jésus-Christ.

Sa maison fut toujours ouverte à tous ceux qui, dé-
trompés de l'hérésie, voulaient rentrer dans le sein de
l'Église et redoutaient l'opposition de leurs familles. Ils

trouvaient chez elle bon accueil, asile assuré, tendres soins et toute facilité pour suivre librement la voix de leur conscience. Elle les retenait généreusement jusqu'à ce que leur conversion fût consolidée et leurs parents apaisés. Aucune considération humaine ne l'empêcha jamais de remplir ce devoir de zèle et de charité.

Une jeune veuve d'une illustre naissance et d'une brillante fortune, après un long et secret examen, résolut d'abjurer le calvinisme dans lequel elle avait été élevée et d'embrasser la religion catholique dont elle reconnaissait tous les caractères de divinité; mais pour suivre cette pieuse résolution, il lui fallait s'enfuir de la maison maternelle; elle y parvint par le secours et la prudence d'un de ses parents, et après un voyage difficile, quoique assez court, elle arriva au château de Montpont. Mlle de Foix la reçut à bras ouverts, se réjouit avec elle de son généreux projet, et la fit conduire à l'abbaye de Saintes, pour qu'elle pût y donner suite en toute sûreté. Cependant la mère, pénétrée de douleur, et regardant Mlle de Foix comme l'instigatrice de toute cette affaire, s'en prit à elle et lui adressa des plaintes pleines de ressentiment et d'aigreur. En toute autre occasion, notre vertueuse fille aurait été très-sensible aux reproches d'une personne qu'elle considérait beaucoup ; mais dans celle-ci, elle en fut peu émue, et se contenta de lui répondre « qu'elle n'avait rien su d'un si pieux dessein; qu'elle » avait fait son devoir en accueillant sa fille chez elle ; » qu'elle l'estimait infiniment d'avoir travaillé à l'affaire » de son salut avec tant de courage et de résolution; » qu'elle portait envie à ceux qui lui avaient prêté aide

» et conseils, et qu'enfin si elle avait eu le bonheur d'y
» participer, elle le regarderait comme une des plus
» belles actions de sa vie. » Ces nobles et franches paroles calmèrent la mère, et le bonheur de sa fille dans
sa nouvelle croyance lui inspira plus tard une entière
résignation.

Un zèle si constant et si généreux pour la vraie religion ne pouvait que soulever contre Mlle de Foix tous les
dissidents ; elle ne se le dissimulait pas ; mais rien n'était
capable de faire reculer cette grande âme devant l'accomplissement d'un devoir sacré que lui imposaient sa
foi et sa conscience.

Elle était même si convaincue de leur secrète aversion,
qu'elle dit plus d'une fois, dans le temps des cruautés
inouïes des fanatiques des Cévennes, que si ces malheureux pénétraient dans la Guienne, elle serait immanqua-
blement une des premières victimes immolées à leur
fureur; « et je crois, ajoutait-elle, que Dieu me ferait la
» grâce de souffrir, sans faiblesse, et même avec joie, le
» martyre pour notre sainte religion. Ne serait-ce pas le
» plus grand bonheur qui pût m'arriver ! et j'avoue que
» si je ne regardais le bien de l'État, je le désirerais de
» tout mon cœur. »

Notre sainte fille ne montrait pas un moindre zèle
pour le salut des personnes attachées à son service. Convaincue de l'étroite obligation des maîtres à cet égard,
elle veillait avec une extrême sollicitude sur la vie qu'elles
menaient. Le moindre soupçon d'immoralité était un
crime irrémissible à ses yeux et une cause de renvoi, si
les avis charitables qu'elle donnait d'abord, n'étaient

pas mis à profit. Pour maintenir ses gens dans le bien, les plus grands moyens de sanctification leur étaient offerts. Ainsi la prière en commun avait lieu tous les jours à la chapelle, on y était appelé au son de la cloche, et afin d'enlever, le soir, tout prétexte d'y manquer, on ne la disait qu'après le repas de la cuisine. Mlle de Foix y assistait elle-même exactement, quelque société, quelque affaire ou quelque incommodité qu'elle eût, et lorsque la maladie l'empêchait de marcher, elle s'y faisait porter. On s'assurait si tous les domestiques s'y étaient rendus; elle y prenait garde elle-même, et si quelqu'un y manquait sans raison légitime, il recevait une sévère réprimande, il était soumis, au repas prochain, au retranchement de quelques douceurs. Ils assistaient aussi tous les jours à la sainte messe. Ils recouraient souvent au sacrement de la réconciliation et recevaient leur Dieu aux grandes fêtes de l'année. Elle chargeait son aumônier de les préparer à cette sainte action, elle lui disait souvent que le soin de leur salut était son principal emploi chez elle. Elle voulait qu'il leur fît de temps en temps des instructions publiques à la chapelle, et le catéchisme tous les soirs, pendant le carême. Lorsque l'un d'eux s'approchait de la sainte table, elle en éprouvait une vive joie, et la lui exprimait en lui disant : « Oh ! quel plaisir » vous m'avez fait aujourd'hui ! que cela est saint et » bon ! et combien j'en suis heureuse pour vous ! »

Tant de pieux et charitables soins portaient leur fruit; jamais on ne vit tant d'ordre et de régularité dans une maison particulière. La paix et une union parfaite y régnaient toujours. Les querelles, les jurements et les propos obscènes y étaient inconnus et inouïs, et quoique les domestiques y fussent toujours au nombre de vingt à vingt-cinq, de tout sexe et de tout âge, jamais ils ne donnèrent le moindre scandale. En un mot, le château de Montpont était le plus parfait modèle d'une maison chrétienne, et sans la grande affluence des visiteurs, on l'aurait prise pour une communauté religieuse, et des plus régulières. Tout y portait au bien, et en y entrant, l'étranger y respirait un air de piété, d'innocence et de bonheur qui parlait à son âme et ravissait son cœur.

La bonté de Mlle de Foix pour ses domestiques égalait son zèle religieux pour leur salut. Elle prenait ordinairement des laquais encore enfants, et lorsqu'ils avaient grandi, c'est-à-dire lorsqu'ils étaient capables de rendre quelque service, préférant leur avantage au sien, elle leur faisait apprendre un métier qui pût assurer leur existence pour le reste de leurs jours.

Bien différente de tant d'indignes maîtres qui regardent leurs serviteurs comme des esclaves, et les traitent avec plus de dureté que leurs animaux mêmes, oubliant les liens étroits et sacrés que l'humanité et la religion établissent entre tous les hommes, malgré la différence nécessaire des états et des conditions dans la société, notre vertueuse et charitable fille aimait sincèrement les siens et ne leur parlait jamais qu'avec une bienveillance et une douceur qui, sans déroger à sa dignité et altérer le respect dû à sa personne, les charmait et les attachait inviolablement et de cœur à son service.

C'est dans leurs maladies surtout qu'elle leur montrait

la plus tendre sollicitude. Non-seulement elle leur procurait tous les soins qui leur étaient nécessaires et y
veillait elle-même, mais encore elle ne croyait pas s'a-
baisser, en allant les voir régulièrement tous les jours,
pour les consoler, les encourager à souffrir leurs maux
avec soumission à la volonté divine, et si leur maladie
avait de la gravité, à se mettre en état de grâce. Lorsque
par hasard elle ne pouvait faire sa charitable visite, elle
envoyait savoir de leurs nouvelles et leur demander ce
qu'ils pouvaient désirer. Plus d'une fois, ne se conten-
tant pas de ses médecins ordinaires, elle en fit appeler
de loin, à grands frais, d'autres d'une plus haute réputation et qui lui inspiraient plus de confiance. Son noble
et généreux cœur ne comprenait pas qu'un maître pût
sans injustice laisser à la charge de ses domestiques les
frais de leurs maladies contractées à son service. Il comprenait bien moins encore qu'on eût la dureté de ren-
voyer des serviteurs malades, ou de suspendre leurs
gages, pendant la durée de leurs maladies, parce qu'ils
ne travaillent plus en cet état.

Convaincue que la justice est la bienfaisance des
maîtres comme des rois, Mlle de Foix était d'une exactitude sans égale à payer à ses gens leurs gages, et assi-
gnait à chacun d'eux ceux qu'il méritait. Souvent même,
ce qui est peut-être sans exemple, elle les payait six
mois par avance. Elle savait encore, dans leur vieillesse,
leur assurer une retraite honorable avec une pension
proportionnée à leurs services et à leurs besoins. Est-il
étonnant qu'une pareille maîtresse ait toujours eu de bons
et dévoués serviteurs ?

Les prêtres et les religieux, dont le ministère sacré et la vocation sont exclusivement consacrés à la gloire de Dieu et au salut des âmes, ne pouvaient être étrangers au zèle pieux de cette illustre et vertueuse fille, non plus qu'à ses attentions, à ses égards et à son respect. Le château de Montpont était comme leur maison, il en renfermait en tout temps un grand nombre, qui venaient s'y refaire de leurs travaux, y soigner leur santé, y jouir d'une affectueuse hospitalité et s'y édifier du spectacle de tant de vertus. Mlle de Foix regardait leur présence chez elle comme un honneur et une bénédiction. Elle aimait à leur prodiguer les soins les plus empressés et les plus délicats, et à les entourer surtout des marques de sa vénération. Ce sentiment de profond respect, elle cherchait à l'inspirer aux autres, et gémissait lorsqu'elle voyait quelqu'un s'en écarter. « Ce sont, disait-elle quel-
» quefois, les oints du Seigneur; c'est en eux que réside
» le pouvoir de Jésus-Christ, dont ils tiennent la place et
» qu'ils ont l'honneur de toucher, de porter entre leurs
» mains et de recevoir tous les jours, pouvoir que n'ont
» pas les anges mêmes. Quoi de plus grand et de plus
» auguste sur la terre ? Un chrétien, qui a la foi, ne leur
» doit-il pas respect et vénération ? »

Mais si elle voulait que les ministres de Dieu fussent respectés, comme elle les respectait elle-même, elle voulait aussi qu'ils se rendissent respectables par une vie sainte, pure, entièrement différente de celle des autres hommes.

Elle éprouvait un profond chagrin lorsqu'elle apprenait que quelqu'un d'entre eux, au mépris des obligations

sacrées de son état, loin de répandre la bonne odeur de Jésus-Christ, donnait lieu à des bruits fâcheux pour l'honneur du sacerdoce et de la religion : « Eh ! mon Dieu,
» disait-elle à ce sujet, messieurs les évêques n'ordon-
» neront-ils jamais qu'on enseigne aux élèves du sanc-
» tuaire à peindre, à broder, à tourner, quelque métier
» enfin propre à les occuper agréablement chez eux dans
» leurs moments de loisir ? Car enfin on ne peut pas tou-
» jours prier, lire, étudier ou composer, et des curés re-
» légués dans la solitude d'une triste campagne, privés
» de toute société et en proie à l'oisiveté, s'oublient sou-
» vent eux-mêmes et cherchent, à la mauvaise édification
» du public, un remède à l'ennui dans le jeu, la chasse,
» et donnent hélas ! quelquefois dans des désordres qui
» réjouissent les impies, affligent les gens de bien, et
» déshonorent en quelque sorte l'Église, dont ils sont les
» indignes ministres. »

Elle aimait les bons prêtres autant qu'elle les vénérait; mais elle imprimait la crainte à ceux dont la conduite ne répondait pas à la sainteté de leur vocation ; et lorsque la politesse ou le devoir les obligeait à paraître devant elle, ils s'observaient autant que s'ils eussent été en présence de leur évêque. Si leur costume, leur mise et leurs manières n'étaient pas entièrement ecclésiastiques, elle trouvait le moyen de leur en faire, en riant, des reproches qui pouvaient leur être utiles, sans les offenser. Elle disait assez plaisamment que, sans avoir des lettres de grand vicaire, de l'évêque de Périgueux, elle en exerçait les fonctions, usant du privilége de son grand âge, pour dire naïvement et avec sa franchise naturelle, tout ce qu'elle pensait. Nous ne citerons qu'un exemple du talent si rare qu'elle possédait de cacher une leçon sous une forme aussi polie qu'aimable.

Un curé de son voisinage se vantait un jour devant elle de tirer à merveille, et d'exercer souvent et avec succès son talent pour la chasse ; elle l'interrompit en disant : « J'avais vraiment vieilli dans l'erreur : je croyais,
» monsieur, que les canons de vos évêques vous défen-
» daient la chasse ; mais je vois bien à présent que je me
» trompais ; car vous êtes sans doute trop régulier pour
» rien faire contre l'ordre et la discipline ecclésiastique ;
» je vous avoue cependant que si j'avais été appelée lors-
» qu'on dressa les canons, toutes autres armes que celles
» de la parole de Dieu auraient été interdites aux prê-
» tres ; je leur aurais permis la chasse des âmes qui leur
» convient, et nullement celle des perdrix, que je ne crois
» pas apostolique. »

Si le pasteur chasseur ne se corrigea pas, à la suite de cette leçon, il dut du moins avoir grand regret de l'imprudence qui la lui avait attirée.

Mais souvent le zèle de Mlle de Foix pour l'honneur du sacerdoce allait plus loin encore. Quand il lui revenait que quelque curé des environs, par une conduite légère et inconséquente, prêtait à des jugements téméraires et à des propos défavorables à sa réputation, elle le faisait prier de se donner la peine de venir la trouver pour une affaire importante. Dès qu'il était arrivé, elle le prenait en particulier quelquefois dans son cabinet, et le plus souvent dans sa chapelle ; là, en présence du saint Sacrement qu'elle conservait par une permission expresse des évêques de Périgueux, elle lui disait « qu'elle était trop jalouse de la gloire de l'Église, et qu'elle s'intéressait trop à sa réputation pour ne pas l'avertir, en amie, des discours fâcheux qui couraient sur son compte ; elle lui représentait avec douceur et ménagement le tort qu'ils faisaient à lui et à ses paroissiens, dont les âmes lui avaient été confiées par Jésus-Christ, et qu'il perdrait malheureusement par ses exemples, parce que le peuple ignorant se croit autorisé à faire ce qu'il voit pratiquer à son pasteur, et qu'il est impossible d'ailleurs de gagner l'esprit et le cœur de ceux dont on ne peut avoir l'estime. Elle le conjurait au nom de Notre-Seigneur Jésus-Christ, en présence duquel elle lui parlait, de se souvenir que rien n'est si nécessaire et si délicat que la réputation d'un prêtre, dont toutes les actions doivent servir de modèle au peuple qu'il conduit, et dont la langue, teinte tous les jours du sang adorable du Sauveur, ne devrait être consacrée qu'à publier ses louanges, à annoncer sa parole et à solliciter ses miséricordes. Elle le priait enfin avec larmes, de réformer sa conduite dans l'intérêt de son honneur et de sa conscience, et de lui épargner le pénible devoir de prévenir ses supérieurs..» Elle disait tout cela avec tant de force, de bonté, de bienveillance, et d'onction, que presque toujours le coupable, plus touché qu'il ne l'aurait été des réprimandes de son évêque, s'en retournait chez lui plein de repentir et de componction et avec la ferme résolution de suivre de si pieux et de si salutaires avis.

C'est ainsi que cette sainte fille s'efforçait de procurer la gloire de Dieu dans tous les états et de maintenir l'or-

dre en tout et partout. Jamais personne ne marcha avec
autant de droiture, et n'en voulut autant.

A l'humanité et au zèle, elle joignait la reine des vertus, la charité. On en a déjà vu la preuve dans plusieurs
endroits de notre récit, et surtout dans sa noble et héroïque conduite pendant ces trois néfastes années de stérilité qui portèrent dans la plupart des provinces du
royaume la famine, la contagion et la mort, et dont la
capitale elle-même ressentit les funestes effets.

Mais notre noble et religieuse fille n'eut pas besoin
d'attendre le retour de nécessités si extrêmes pour exercer une vertu qui lui était si chère. Toujours on trouva
en elle même compassion, même bienfaisance, même
générosité. Des volumes entiers ne suffiraient pas pour
contenir tout ce qu'il y aurait de grand et de beau à dire
à ce sujet. Nous nous bornerons donc, quoique à regret,
sur cette intéressante matière, comme sur tant d'autres,
pour ne pas sortir des limites que nous nous sommes
prescrites. Nous passerons sous silence une partie de ce
que toute la province a vu et admiré ; nous ne dirons
rien de tant et de si considérables aumônes que cette
sainte fille faisait si souvent, par des mains sûres et
discrètes, remettre aux religieux et aux pauvres ignorés,
avec autant de délicatesse que de générosité : sa modestie d'ailleurs en dérobait ordinairement la connaissance
aux hommes, et Dieu seul en a le secret.

Nous nous arrêterons aux aumônes publiques et si
connues, dont on parlait partout avec éloge, attendrissement et admiration, et qui faisaient dire à son intendant
que, sans un véritable miracle, son revenu n'aurait

jamais pu suffire à tant de charitables profusions. Elle reconnaissait elle-même que la divine Providence répandait sur sa fortune une bénédiction particulière qui l'étonnait et l'encourageait à suivre les élans de son cœur si noble et si sensible. Le détail où nous allons entrer, nous paraît trop édifiant pour qu'il puisse devenir ennuyeux.

Pendant la mauvaise saison, c'est-à-dire depuis la fête de tous les saints, jusqu'à celle de saint Jean-Baptiste, Mlle de Foix faisait distribuer une aumône générale, trois fois par semaine, à tous les pauvres qui se présentaient ; ils étaient toujours au moins au nombre de six à sept cents, parce qu'à cette époque le Périgord était une des provinces qui en renfermaient le plus. Chacun d'eux recevait du pain pour sa nourriture d'un jour entier ; la quantité était égale pour tous, quels que fussent leur sexe et leur âge : elle était adjugée même aux enfants à la mamelle. Il en résultait qu'il n'y avait guère de femme qui se présentât à la distribution sans en être chargée. Si elles n'en avaient pas à elles, elles en empruntaient. Un jour même, quelques-unes inspirées par l'ingénieuse nécessité, eurent l'adresse d'en simuler. Cependant les officiers qui présidaient à la distribution, découvrirent la fraude, et coururent, indignés, la dénoncer à Mlle de Foix, pour en obtenir une éclatante punition ; mais notre charitable fille se contenta de rire de l'innocente supercherie, et leur dit : « Hélas ! cela n'est-il pas bien pardonnable ? J'en aurais peut-être fait autant, si Dieu » m'avait fait naître dans la misère, comme ces pauvres » gens. Il vaut bien mieux se laisser tromper en don-

» nant l'aumône, que de se tromper soi-même en ne la
» donnant pas. » Paroles bien dignes de celles qu'elle
adressa dans une autre occasion à une personne qui lui
exprimait la crainte que ses grandes largesses n'encou-
rageassent la paresse : « Voilà de beaux et spécieux pré-
» textes qui flattent l'avarice et l'entretiennent, mais qui
» ne l'excusent pas. L'aumône est un des principaux de-
» voirs du chrétien ; c'est un précepte indispensable, et
» il ne faut pas laisser une foule de malheureux dans la
» souffrance, de peur de faire un fainéant. La pratique
» de la charité ne s'accommode pas avec tant de pré-
» cautions, et la seule qu'elle autorise, c'est de n'en
» prendre aucune. Le Seigneur leur fera miséricorde. Il
» faut tâcher de mériter cette miséricorde, et j'y veux
» travailler. »

Cette aumône générale se proportionnait d'ailleurs aux
besoins et au nombre de pauvres, qui augmentait parfois considérablement, à la suite des divers fléaux, dont
le Périgord fut encore frappé depuis les funestes années
que nous avons signalées. Dans une de ces dernières
calamités, après d'immenses profusions, les ressources
de notre généreuse et charitable fille s'épuisèrent enfin,
et le blé devint tout à coup si rare et si cher, que son intendant et son maître d'hôtel crurent devoir lui représenter l'indispensable nécessité de cesser, ou de diminuer
au moins ses saintes et prodigieuses largesses : « Qu'on
» ne s'avise jamais, leur répondit-elle avec impatience
» et d'un ton de maîtresse qu'elle ne prenait que dans
» ces occasions ; qu'on ne s'avise plus de me tenir de
» semblables discours qui ne sont propres qu'à me cha-

» griner. Je vous l'ai dit mille fois, je prétends qu'on ne
» change rien dans les aumônes. Je veux être maîtresse
» de mon bien, je tiens tout de la bonté de Dieu ; il ne
» m'a pas encore manqué ; je ne lui manquerai pas non
» plus dans la personne de ses pauvres. Je vous le ré-
» pète encore pour la dernière fois, vendez ma vaisselle
» d'argent : j'en ai assez pour que cette ressource puisse
» suffire : dans le cas contraire, je vendrai mes meubles
» et tout ce que renferme ma maison. Tout ce qui y est
» appartient au Seigneur ; je ne lui donnerai rien qui ne
» soit à lui : et n'est-ce pas de sa main libérale et pater-
» nelle que nous tenons tout ? »

Outre ces distributions générales et à jour fixe, des
aumônes en argent étaient accordées aux indigents étrangers qui passaient et qui pouvaient se présenter au château en tout temps et à toute heure ; jamais ils n'éprou-
vaient ni renvoi ni refus. Il y en eut souvent qui se
détournaient de quinze à vingt lieues de leur route pour
accourir à cette vraie maison de charité. Parmi eux, notre
noble et sainte fille distinguait les pauvres officiers brisés
par les fatigues de la guerre, couverts de blessures ou
malades qui se retiraient dans leurs foyers, et elle se
faisait un devoir d'honneur d'assister largement et avec
délicatesse ces vénérables défenseurs de la patrie. Elle
traitait ainsi les pauvres gentilshommes et les pauvres
prêtres. Les autres recevaient depuis 4 jusqu'à 30 sols,
selon leur condition et leurs besoins, et tous, de plus,
faisaient un repas au château. Elle se montrait plus
généreuse encore envers les réfugiés irlandais qui ex-
piaient dans la misère et dans l'exil leur noble fidélité à

leur Dieu et à leur roi. Elle les accueillait avec empressement, les secourait de tout son pouvoir, les recommandait avec chaleur, et en entretenait même plusieurs à Montpont.

Deux ans avant sa mort, la Guienne se trouvait remplie de prisonniers de guerre de presque toutes les nations, à la suite des longues guerres de Louis XIV. La plupart appartenaient au Portugal; on en avait placé un dépôt à Bergerac, et un autre à Saintefoi. Ces pauvres étrangers étaient réduits à la dernière nécessité, et souffraient à la fois l'abandon, la faim et la nudité. Instruits des immenses libéralités de la charitable et illustre châtelaine de Montpont, ils résolurent de se rendre auprès d'elle pour obtenir d'y participer. La triste situation de ces pauvres étrangers, éloignés de leur patrie, et plongés dans une si affreuse misère, toucha profondément la bonne et généreuse Mlle de Foix, et elle se hâta de leur en donner des témoignages réels. Elle fit remettre à chacun d'eux la somme de 10 sols avec du linge et des habits. Elle leur assigna de plus une aumône qu'ils recevaient chaque semaine, quoique plusieurs participassent en outre aux aumônes générales. Elle leur fut toujours très-exactement versée, et l'on peut dire que Mlle de Foix, seule, au prix des plus grands sacrifices qui ne s'élevèrent pas à moins de plusieurs milliers de francs, les fit subsister pendant un hiver tout entier.

Ces pauvres gens ne négligeaient rien pour lui témoigner leur juste reconnaissance. A certains jours ils s'assemblaient dans une des églises de la ville, et avec toute la ferveur dont ils étaient capables, priaient Dieu pour elle et chantaient des litanies dont l'air mélodieux et touchant attendrissait tous les cœurs.

Enfin, compris peu de temps après dans un échange de prisonniers, ils ne voulurent pas partir sans aller remercier leur illustre et compatissante bienfaitrice. Un de leurs sergents, vénérable par son âge, parlant pour tous, lui adressa à peu près ces paroles, en mauvais français : « Nous nous en allons, Mademoiselle, comblés » de vos bienfaits, dont nous ne perdrons jamais le sou» venir. Nous ne manquerons pas de dire dans notre » pays qu'il y a en France une princesse de Foix qui nous » a sauvé la vie par sa libéralité toute chrétienne, et qui » vient encore de nous fournir les moyens de revoir le » sol de notre chère patrie. Nous apprendrons à nos » familles ce nom vénéré et chéri, et nous ne cesserons » tous de prier le Seigneur qu'il daigne, Mademoiselle, » récompenser votre héroïque charité sur la terre et au » ciel ! » L'air attendri dont il prononça ces derniers mots, et les larmes qu'il avait peine à retenir, émurent vivement tous les témoins d'une scène si touchante !

Tous ces pauvres soldats partageaient les sentiments et l'émotion de leur interprète, et accompagnaient de leurs pleurs leur dernier adieu à celle qui avait été leur seconde Providence sur la terre étrangère.

Un trait arrivé peu de mois après la mort de cette pieuse et généreuse fille, prouve que ses bienfaits avaient fait naître dans d'autres cœurs le sentiment d'une affectueuse reconnaissance.

Deux étrangers, qu'elle avait plus d'une fois secourus et vêtus, se détournant de leur chemin, arrivèrent un jour à Montpont pour lui rendre leurs devoirs. On leur apprend que celle qu'ils venaient chercher de si loin, a terminé sa sainte carrière. Consternés d'une telle nouvelle, ils poussent des cris déchirants, qui renouvellent la douleur de toute la ville, refusent toute nourriture, et reprennent brusquement leur route, ne pouvant supporter la vue de ce triste lieu où n'était plus l'ange de la charité à qui ils devaient la vie.

Bien d'autres infortunes exerçaient continuellement la religieuse bienfaisance de Mlle de Foix. Elle se déclarait la mère et la protectrice de tous les pauvres enfants de ses terres que la mort privait de leurs parents. Il n'y a pas d'année qu'elle n'en reçût quelques-uns. Elle les plaçait en nourrice, en payait les frais et pourvoyait à tous leurs besoins. Dès qu'ils étaient élevés, et capables de travailler, elle leur faisait apprendre le métier pour lequel ils montraient le plus d'aptitude, et dotait les filles lorsqu'elles étaient en âge de s'établir. Et combien d'infortunés enfants, dont les parents inconnus, par un double crime, les avaient exposés dans la rue, ou à la porte de son château, trouvèrent en elle la même commisération, les mêmes secours, la même sollicitude maternelle !

Elle aimait encore, cette charitable demoiselle, à élever, entretenir et marier de jeunes personnes de naissance, mais sans fortune, pour les préserver du danger que courait leur innocence, et à assurer, par des pensions, l'existence de nobles familles tombées d'une honorable aisance, dans la misère; des vieillards abandonnés et sans ressource, de malheureux artisans hors d'état de travailler; de pauvres veuves enfin qui avaient perdu dans leur mari, leur unique ressource, et dont elle adoptait la famille entière.

Mais si Mlle de Foix se montrait si grande et si généreuse à secourir les infortunés dans leur misère et dans toutes leurs nécessités, elle ne l'était pas moins à les soulager dans leurs maux et dans leurs maladies. Ils étaient l'objet de sa plus tendre sollicitude. Chaque année, elle faisait pour eux une ample provision de remèdes, de simples et d'onguents, d'eaux, de baumes et de sirops, qui, à toute heure, à tout moment était à leur disposition. La même ressource était offerte à tous ceux qui étaient répandus dans les campagnes environnantes. Dès qu'ils entraient en convalescence, elle veillait à ce qu'on leur distribuât exactement tout ce qui pouvait hâter leur guérison, rappeler leurs forces, et même flatter leur goût, des bouillons, des aliments succulents, des cordiaux et jusqu'à des biscuits et des confitures, et toute l'année une de ses femmes était exclusivement consacrée à ce département. Son propre médecin était chargé de soigner les pauvres malades de la ville. De plus, une personne de confiance devait les visiter chaque jour de sa part, et lui rendre compte de leur état et de leurs besoins. Elle-même allait souvent les voir dans leurs tristes réduits, pour les consoler et les encourager, en leur portant de douces paroles d'intérêt et de piété. Et combien de fois n'eut-elle pas à supporter, dans ces charitables visites, et quelquefois jusque dans son cabinet, le hideux et repoussant aspect des plaies dégoûtantes de plusieurs de ces malheureux! Combien de fois,

faisant appel à toute sa vertu et surmontant une répugnance bien naturelle avec sa délicatesse et son extrême
propreté, a-t-elle été jusqu'à toucher de ses mains ces
affreuses plaies et à aider elle-même à leur pansement !
Ces pauvres gens, attendris et confus, ne trouvaient pas
de paroles pour exprimer ce qu'inspirait à leur âme une
charité si sublime. Qu'il était beau, en effet, qu'il était
touchant de voir une princesse de Foix descendre à un
tel ministère, et de ses mains presque royales, soigner
tout ce qu'il y a de plus triste et de plus repoussant dans
les infirmités humaines ! Et que c'est à bon droit que la
religion, qui seule élève à un tel héroïsme, et donne de
pareils spectacles au monde, se dit l'œuvre de Dieu et la
bienfaitrice des hommes !

Terminons, en signalant le beau monument que
Mlle de Foix a laissé à la postérité, de sa généreuse commisération pour les souffrances des hommes, c'est-à-dire
la fondation d'un hôpital dans sa ville de Montpont et
qui subsiste encore. Elle n'épargna rien pour le rendre
aussi propre que commode, elle décora convenablement
la chapelle et y établit un aumônier. Elle dota richement
cet établissement, et pour le rendre aussi utile que possible, elle en confia la direction, peu d'années avant sa
mort, aux Sœurs de la charité, qui avec leur dévouement
si connu, soignaient à la fois les pauvres de la maison,
et ceux de la ville et de la terre de Montpont, et s'adon-
naient à l'instruction gratuite des jeunes filles de ce
lieu.

C'est ainsi que la charité de Mlle de Foix, se perpétuant
après sa mort, fera passer de siècle en siècle la gloire de

son nom, avec le souvenir de sa piété et de ses bienfaits, tandis qu'elle lui a sans doute mérité déjà au ciel l'éternelle récompense.

Toutes ces admirables vertus que nous avons jusqu'ici signalées dans notre auguste et sainte fille, découlaient de la piété qui brilla toujours en elle d'un si vif éclat et dont il est temps que nous parlions.

Mlle de Foix n'avait pas une de ces dévotions mal entendues, purement extérieures, dures et sévères, aux formes austères et sauvages, inquiètes et intolérantes, qui blâment tout, s'offusquent de tout, la terreur des gens du monde et l'épouvante de la vertu. La sienne était vraie et de cœur, sociale, douce, indulgente et facile. Elle ne l'empêcha jamais de se montrer toujours accueillante, gracieuse et aimable. Jamais elle ne lui interdit un enjouement vertueux, les joies pures et les innocents plaisirs. Personne ne recevait avec plus d'empressement et de cordialité. Chaque jour elle avait jusqu'à douze convives à sa table, et elle ne négligeait rien pour les bien traiter, les égayer et les amuser. On menait dans son château, asile de toutes les vertus, une vie pleine de douceur et de charme. Elle se plaisait à voir jouer et se divertir en sa présence, les jeunes demoiselles qu'elle avait auprès d'elle, et à leur procurer tous les amusements que permet la vie chrétienne. Elle ne voulait rien de recherché, rien d'affecté dans sa mise, pas plus que dans sa manière de vivre ; elle était toujours modestement et très-proprement vêtue, et de la façon la plus convenable à son âge et à sa qualité. Bonne et indulgente pour les autres, elle n'avait de sévérité que pour

elle seule, et jamais on ne la vit écouter le moindre ménagement, la moindre délicatesse de l'amour-propre ou
de la sensualité ; enfin on peut dire qu'elle fut en tout
un parfait modèle de vertu.

Mais la pénitence est inséparable d'une vraie et solide
piété, et les gens du monde qui frémissent à ce seul nom
de pénitence et de mortification, et qui les relèguent dans
les cloîtres, n'apprendront pas sans étonnement jusqu'où
Mlle de Foix les poussait encore, à l'âge de quatre-vingt-
huit ans commencés.

Nulle incommodité ne l'empêchait jamais d'observer
les abstinences et les jeûnes d'obligation ; elle les pra-
tiquait avec une exactitude et une régularité qui aurait
pu passer pour scrupule dans l'esprit de ceux qui veulent
soumettre les règles et les pratiques de l'Église, à la
faiblesse de leur raisonnement et à l'aveuglement de leur
amour-propre.

La rigueur du jeûne du Carême, et surtout de celui de
la Semaine-Sainte et du Vendredi-Saint qu'elle prati-
quait au pain et à l'eau, donnait des craintes pour sa
santé aux personnes de sa maison et à ses amis : on
s'aventurait même quelquefois à l'engager à plus de
modération, à plus de ménagement pour une vie dont
elle rendrait compte et qui était si précieuse et si nécessaire à tout ce qui l'entourait ; mais elle écoutait en
souriant, ne répondait rien, et n'en continuait pas moins
le cours ordinaire de ses mortifications. Aux divers jeûnes
de précepte, elle en joignait un de dévotion qu'elle s'imposait chaque vendredi, en mémoire de la mort de Notre-
Seigneur. Ce jour elle faisait appel à toute son énergie

et pour éviter d'ennuyeuses et inutiles remontrances, elle assurait se mieux porter qu'on ne pensait. Cependant, dans ses dernières années, un de ses amis entreprit un jour de lui persuader que le jeûne ne regardait plus les personnes de son âge et que l'Église est une mère trop bonne et trop juste pour exiger de ses enfants au delà de leurs forces : « Je me sens assez forte, lui répondit-elle, » pour jeûner : en cela ce sont les forces qui doivent » servir de règle et nullement l'âge. Je ne connais aucune » dispense sur cet article et il n'y en a pas quand on se » porte bien. Le jeûne n'a jamais tué personne ; c'est » une erreur de le croire. Mon grand âge, dites-vous, » doit m'en dispenser et c'est précisément ce grand âge » même qui doit m'y engager. Plus j'approche du moment » où il me faudra paraître devant Dieu et lui rendre » compte de mes actions, plus aussi je dois redoubler » ma pénitence et me mettre en état d'obtenir de lui » miséricorde ! Hélas ! pourrais-je chercher tant de ména- » gement pour une poignée de jours qui me restent à » vivre ? Ah ! ma seule crainte, ajoutait-elle, c'est que la » facilité à jeûner que m'a donnée une longue habitude » ne diminue de beaucoup le mérite de ma pénitence » auprès du juge suprême ! »

C'est sans doute pour suivre ce vertueux scrupule, comme pour se conformer en tout à Jésus crucifié, le chef et le modèle des prédestinés, que dans les douze dernières années de sa vie elle ajouta à des jeûnes si fré- quents et si rigoureux des mortifications d'une pratique encore plus difficile et plus héroïque. Depuis cette épo- que, elle ne manqua pas un seul vendredi de se faire porter à sa chapelle, dès quatre heures du matin et deux heures plus tôt lorsqu'elle avait du monde chez elle. Elle y demeurait pendant deux heures, la porte fermée, seule, à genoux, la face contre terre et ne se retirait qu'après avoir exercé de saintes rigueurs sur son corps. Malgré tous ses efforts pour dissimuler l'accablement qu'elle éprouvait à la suite de ces pieuses austérités, on finit par s'en apercevoir et en deviner la cause. Son confesseur, qui en fut prévenu, crut devoir lui représenter le danger de pareils exercices pour elle. Il blâma cet excès de zèle qui ne pouvait convenir ni à son âge si avancé ni à la faiblesse de sa santé ; mais cette sainte fille, d'après l'inspiration peut-être d'une grâce particulière, s'écartant de l'obéissance qu'en règle générale tout pénitent doit au guide de sa conscience, lui répondit, sans rien désavouer, que cette pénitence n'altérait en rien sa santé ; qu'il était bien juste que, du moins à la fin de sa vie, elle cherchât à expier les fautes et les égarements de sa jeunesse ; qu'enfin elle voulait travailler à se rendre son juge favorable et partager un peu les souffrances de son Sauveur pour avoir part aussi à sa gloire, et elle continua ces saintes macérations.

Mlle de Foix savait que l'âme de la piété, son soutien le plus assuré, comme son devoir le plus essentiel et sa plus douce consolation, c'est la prière ; aussi on pouvait dire d'elle qu'elle priait sans cesse. Pour vaquer à ce saint exercice, chaque jour, à peine levée, c'est-à-dire de fort bonne heure, elle se rendait dans sa chapelle et là, seule, sans d'autres témoins que les anges, à genoux, le plus souvent prosternée et le visage appliqué sur le

marchepied de l'autel qu'elle arrosait des larmes de la
componction et de la ferveur, elle passait une heure
entière en adoration devant son Dieu, présent dans le
sacrement de son amour. Elle allait ensuite achever sa
toilette et donner ordre à ses affaires domestiques ; puis,
elle lisait l'explication de l'épître et de l'évangile du jour,
et retournait à son oratoire pour entendre la sainte messe,
l'esprit et le cœur remplis de réflexions chrétiennes et
des pensées affectueuses que sa lecture venait de lui sug-
gérer.

Elle ne se contentait pas de la messe de son aumônier ;
elle assistait encore, et toujours à genoux, à toutes celles
que disaient les prêtres étrangers qui se trouvaient au
château, et souvent le nombre s'en élevait jusqu'à cinq
ou six. Si elle n'avait aucun de ces saints hôtes, ce qui
était rare, elle allait en entendre une seconde à une
petite église qu'elle avait eu le zèle de rebâtir dans un
quartier de la ville qui en était dépourvu. Elle y com-
muniquait du château par une galerie et s'y était ménagé
un oratoire, d'où elle suivait aussi les offices publics les
dimanches et les fêtes. On ne saurait exprimer toutes les
saintes dispositions qu'elle apportait à l'auguste sacrifice ; son anéantissement devant la majesté suprême,
son profond recueillement et tout son extérieur formaient
un admirable spectacle de religion qui faisait passer
dans tous les cœurs sa ferveur et sa foi et leur imprimait
le respect de la maison de Dieu bien mieux que n'auraient pu le faire les discours du plus éloquent orateur.
Hélas ! qu'un tel spectacle serait nécessaire à tant d'indignes chrétiens de nos jours, qui n'entrent, ce semble,

dans nos temples que pour scandaliser les fidèles, troubler leurs prières, contrister leur piété et insulter, pour ainsi dire, à la présence du Dieu qu'ils font profession de reconnaître et d'adorer !

Rien n'affligeait plus profondément le cœur de notre sainte fille que ce qui blesse la sainteté de la maison de prière. Elle n'éprouvait pas une moindre peine, lorsqu'elle voyait des prêtres, oubliant la haute dignité du sacrifice de nos autels, l'offrir sans respect, sans attention, avec légèreté et une déplorable précipitation. Elle disait, à ce sujet, à chaque nouvel aumônier qu'elle prenait, « qu'elle le conjurait de n'être pas trop court à » l'autel ; qu'elle s'accommoderait difficilement d'un » prêtre qui dirait la messe en cavalier qui court la » poste et non en ministre de Jésus-Christ, qui est dans » le saint temple et qui offre l'auguste et redoutable vic- » time que les anges entourent et adorent en tremblant. »

Notre pieuse fille récitait en outre, tous les jours, les offices du Saint-Esprit et de la Sainte-Vierge, de l'Ange gardien et des Morts, avec le chapelet, et elle trouvait encore le temps, sans manquer à aucune bienséance de son état, ni à aucun des devoirs de la charité, de faire au moins une heure de lecture spirituelle. Le soir, après qu'on l'avait déshabillée, elle prenait encore quelque livre de piété, qu'elle lisait, jusqu'à ce que le sommeil le lui fît tomber des mains. Elle se servit quelque temps pour ses prières d'heures latines, mais, n'aimant pas, disait-elle, à s'entretenir avec Dieu sans savoir ce qu'elle lui disait, elle pria plus tard une personne instruite et de confiance de les lui traduire en français, et ayant ainsi l'intelligence des paroles qu'elle prononçait, elle ne priait qu'avec plus d'attention, de ferveur et de fruit.

Elle ne connaissait pas ce respect mal entendu et cette fausse humilité, si contraires à l'esprit de l'Église et si dangereux pour le salut, qui, en détournant les fidèles de la fréquentation des sacrements, sous prétexte d'indignité, et de peur de s'en faire une habitude, les privent de la véritable et solide piété et des grâces les plus précieuses. Pour elle, elle recevait son Dieu tous les dimanches et les jeudis, après s'être purifiée au tribunal de la réconciliation, et toujours avec les plus vifs sentiments de foi, de respect et d'amour, souvent même avec une abondance de douces et saintes larmes, qui portaient dans les âmes l'édification et l'attendrissement.

On n'était ni moins touché, ni moins pénétré de la voir quelquefois, la dernière année de sa vie, avant de s'asseoir au banquet sacré, chercher l'une après l'autre, à la porte de la chapelle, toutes les femmes qui approchaient le plus près de sa personne, et leur demander pardon à chacune en particulier, de la peine qu'elle aurait pu leur causer ; les prier de l'excuser si elle leur avait adressé quelque parole trop vive, et les supplier enfin, en les embrassant tendrement, d'oublier tout ce qu'elles auraient pu remarquer de répréhensible dans sa conduite. Ces pauvres filles, interdites et confuses, ne pouvaient que verser des pleurs d'attendrissement et se retiraient en admirant en silence l'héroïsme de l'humilité et de la vertu de leur sainte et incomparable maîtresse ; et certes pour y parvenir, quels généreux efforts avait dû faire cette âme naturellement si fière, et avec quelle courageuse fidélité elle avait dû suivre les saintes inspirations de la grâce !

Elle communiait le jeudi, à sa chapelle, et les dimanches et les fêtes, à sa paroisse pour l'édification publique et pour se conformer à l'esprit de l'Église. Elle avait fixé sa communion pascale au Jeudi-Saint, comme le jour anniversaire de l'institution de l'adorable sacrement, et elle y préludait toujours par une auguste et touchante cérémonie, d'humilité sublime, dont nos rois très-chrétiens, comme tous les chefs spirituels, donnaient au monde le grand et salutaire spectacle: elle lavait les pieds à treize pauvres de son hôpital, leur distribuait de larges aumônes, ainsi qu'aux autres indigents de la ville, et leur faisait servir un repas après l'office divin. C'est aussi pour donner le bon exemple que, malgré sa surdité, elle voulait assister aux sermons et aux autres exercices des missions qui avaient lieu de temps en temps dans le voisinage. Elle disait d'ailleurs que la parole animée lui plaisait, et qu'elle jugeait à merveille par les yeux du mérite du prédicateur.

Quand la faiblesse de sa santé et son âge avancé ne lui permirent plus de se rendre à la paroisse, assez éloignée du château, et située de l'autre côté de la rivière, elle se vit contrainte, à regret, de remplir à sa chapelle son devoir pascal ; mais elle n'en procédait pas moins à la pieuse cérémonie du lavement des pieds, et elle passait le reste de la journée et une partie de la nuit, en adoration devant le saint Sacrement, qui lui inspira toujours la plus grande dévotion. C'est en effet en faveur de cette admirable dévotion et de la vivacité de sa foi, bien plus sans doute qu'en considération de son rang et de sa naissance, que du vivant de M. de Francheville, évêque de Périgueux, elle avait obtenu le rare et précieux privilége de le conserver dans sa chapelle. Ce fut pour elle une sainte et indicible joie, elle en parlait à tout le monde ; elle en rendait sans cesse mille actions de grâces à ce digne et grand prélat, auquel elle portait autant d'affection que de respect. Pour justifier une si insigne faveur, elle s'efforça de mettre le très-saint Sacrement dans toute la décence requise ; la chapelle et l'autel reçurent de nouvelles décorations ; elle veillait avec un nouveau zèle à leur entretien et à leur propreté ; sans cesse elle faisait brûler, au bas du sanctuaire, des pastilles odoriférantes; enfin, ne jugeant pas l'huile d'olive même assez pure pour la lampe qui brûlait jour et nuit, elle la remplaça par l'esprit-de-vin, et se chargea elle-même du soin pieux de son entretien. Eh ! quelle douce consolation la présence de son divin Sauveur ne donnait-elle pas à sa piété ! et comme elle augmentait encore son angélique ferveur ! Quatre fois par jour elle se dérobait aux yeux des hommes et à elle-même pour aller lui porter ses hommages et les effusions de son cœur heureux et reconnaissant. Cependant, comme elle avait à traverser plusieurs salles et une longue galerie pour se rendre à la chapelle, et que tout paraissait à craindre pour une personne de son âge, on cherchait quelquefois, et surtout dans les grands froids de l'hiver, à lui persuader de diminuer du moins ces saintes visites ; mais malgré toutes les représentations, en toute saison elle en maintint le nombre et la longueur, et quand la maladie l'empêchait de marcher,

elle s'y faisait porter. « Je dois bien cela à Dieu, disait-
» elle, puisqu'il me fait l'honneur de demeurer chez moi;
» on ne m'empêchera jamais de l'aller adorer. Il est d'ail-
» leurs le seul confident de mes peines, et j'éprouve sans
» cesse le besoin de l'en entretenir. »

Ainsi elle n'ignorait pas, cette âme intérieure et fervente, le conseil et la promesse du prophète-roi qui veut
« qu'on dépose toutes ses peines dans le sein du Sei-
» gneur, et qui assure qu'il ne laisse pas le juste dans une
» perpétuelle perplexité; mais qu'il fait succéder le calme
» et la tranquillité au trouble et à l'agitation, quand on se
» confie à sa bonté paternelle. » Ce pieux conseil, elle le
suivait avec ardeur ; et cette consolante promesse, elle
en éprouvait chaque jour l'heureux accomplissement,
puisque chaque jour elle rapportait la paix, la douceur,
la force et le courage, de ces saintes et intimes commu-
nications, où elle épanchait son cœur dans le cœur de
son Dieu, lui découvrait ses pensées les plus secrètes,
lui exposait ses besoins, lui demandait ses grâces, lui
offrait ses larmes et ses souffrances, et traitait enfin avec
lui des intérêts de son salut avec le plus entier et le plus
filial abandon. Plusieurs personnes recommandables par
leurs lumières et leur piété étaient même persuadées
qu'elle devait et à la vertu de la sainte Eucharistie et
aux grâces de ces pieuses visites d'avoir conservé si longtemps toute l'énergie et la vivacité de son esprit dans un
corps si faible et si languissant ; elles ne doutaient pas
que ce pain des forts descendu du ciel pour nous servir
de nourriture, n'ait été sa force et son soutien, jusqu'à
ce qu'il l'eût conduite au séjour des bienheureux. Elle-

même disait qu'elle puisait à cette source toutes les
grâces, tout ce qui lui était nécessaire pour le temps et
pour l'éternité.

Aussi dès que l'heure de ces pieux exercices était arrivée, rien ne pouvait la retenir ; si elle était en compagnie, elle s'échappait adroitement, et quand elle ne le
pouvait sans qu'on s'en aperçût : « Vous savez, disait-
» elle en riant, qu'on renvoie toujours les pauvres vieilles
» à prier Dieu ; permettez-moi donc, je vous en prie,
» d'aller un peu faire mon métier. En attendant, prome-
» nez-vous, divertissez-vous : je vous laisse en pleine
» liberté ; je ne veux pas qu'on se contraigne chez
» moi. »

Mais cette âme d'une religion si éclairée savait que
les plus saintes et les plus douces pratiques de la piété
doivent céder souvent devant des devoirs d'état ou de
charité ; aussi n'hésitait-elle pas à les interrompre ou à
en abréger la durée, lorsqu'il y avait parmi ses hôtes ou
ses visiteurs des personnages qui, par leur rang et leur
dignité, méritaient plus d'égards que le commun de la
noblesse du pays. Ce sacrifice lui coûtait, il est vrai, et
elle ne pouvait quelquefois s'empêcher de s'écrier : « Mon
» Dieu, que le commerce du grand monde s'accommode
» peu aux goûts de la piété ! » Mais si on l'engageait à
ne pas se gêner et à suivre son attrait : « Oh ! non, ré-
» pondait-elle, je ne saurais le faire ; il faut vivre comme
» les autres, et le devoir commande qu'on distingue les
» personnes d'un certain nom. Le Seigneur, qui sait bien
» ma volonté, me pardonnera, si je le quitte. J'aime bien
» mieux, ajoutait-elle en souriant, avoir affaire à lui qu'à

» ses créatures ! Je finirai tantôt mes prières. » Et ses
manières gracieuses et aimables dissimulaient la contrainte qu'elle se faisait, à ceux qui en étaient la cause.

Le jour de la Pentecôte, dix jours avant sa mort, elle
demeura en oraison devant le très-saint Sacrement plus
de trois heures de suite, et toujours à genoux, ou le visage
contre terre. Un de ses familiers ayant pris la liberté de lui
représenter le danger d'un exercice si long et si pénible
dans son triste état de santé : « Ne me dites pas cela,
» lui répondit-elle, les yeux baignés de larmes ; hélas !
» je n'ai que de l'ingratitude pour mon Dieu ! je n'ai en-
» core rien fait pour lui et pour mon salut, et j'ai tant
» fait pour les créatures ! » C'est ainsi que les saints,
toujours mécontents d'eux-mêmes, trouvent partout des
raisons de s'humilier devant le Seigneur et devant les
hommes ; c'est après tant d'années de vertus, de ferveur
et de bonnes œuvres que cette âme juste prononçait ces
paroles !

Enfin, par suite de sa foi si vive en la présence réelle
de Jésus-Christ dans le sacrement de nos autels, elle portait toujours sur son cœur un morceau de linge sacré sur
lequel repose son corps adorable, pendant les saints
mystères, comme la relique la plus précieuse et la plus
certaine qu'elle pût avoir. Ainsi cette intelligence si
élevée qui eût été incapable d'adopter les petitesses d'une
piété crédule et ignorante, suivait avec un saint zèle les
moindres pratiques que l'Église approuve, que la religion inspire aux gens de bien pour les soutenir dans la
vertu, et que Dieu récompense.

La dévotion au sacré Cœur, récente alors, mais qui

devait un peu plus tard être consacrée avec tant d'éclat et répandre tant de fruits de salut et de grâce dans tout le monde catholique, fut toujours trop chère aux âmes pieuses pour que notre vertueuse fille ne l'ait pas embrassée avec empressement. Elle mettait tout son zèle à la faire goûter ; elle saisissait toutes les occasions et tous les moyens de la propager.

Elle avait fait faire, à cet effet, une grande quantité de médailles qui représentaient ce Cœur adorable, embrasé des flammes du Saint-Esprit, sous la forme d'une colombe, avec ces mots graves : *Tibi soli*, à vous seul ; et elle en avait toujours une sur elle.

A l'exemple des vrais fidèles de tous les siècles, elle était aussi tendrement dévouée au culte si solide, si touchant et si précieux de la sainte Vierge, et elle avait la plus vive confiance en la puissante protection de cette reine du ciel. Elle reconnaissait avoir reçu, par son entremise, les grâces les plus nombreuses et les plus signalées. Elle l'appelait habituellement sa douce mère et sa bonne maîtresse. Chaque jour elle lui adressait quelques prières particulières, outre son office qu'elle récitait avec autant de ferveur que d'exactitude. Ses incomparables vertus étaient souvent l'objet de ses méditations, et elle s'efforçait d'imiter un si beau modèle. Les fêtes solennelles que l'Église lui consacre, étaient du nombre de celles qui donnaient à son cœur le plus de joie et de consolation, et elle les terminait toujours en se devouant de nouveau au service de cette divine mere. Elle estimait grand et relevé tout ce qui touchait à son culte. Elle avait une de ses images en relief, placée sur l'autel de

sa chapelle, et elle l'ornait elle-même de fleurs, tant que la saison en fournissait. Un jour qu'un vent impétueux et la grêle avaient désolé la campagne et ravagé son orangerie, qu'elle aimait beaucoup, après avoir été dans sa chapelle adorer la volonté de Dieu et lui protester de sa soumission entière et de sa résignation à ses ordres, elle se fit apporter les oranges et les fleurs renversés par l'orage, et en en faisant un bouquet, elle dit en souriant à une de ses demoiselles : « Il faut bien donner ces
» tristes débris de mon orangerie à la sainte Vierge, afin
» qu'elle offre à Dieu le sacrifice que je lui en ai fait, et
» qu'elle obtienne de lui de réparer le mal qui m'est
» arrivé par sa permission; et j'espère qu'il le fera
» bientôt; car il le peut, et il veut ordinairement ce que
» je lui demande par sa sainte mère. »

Sa reconnaissance, comme la foi, l'attachait encore vivement à la dévotion des saints anges gardiens, ces purs et bienfaisants esprits, commis de Dieu pour nous conduire, nous consoler, nous protéger et nous défendre dans les disgrâces de notre pèlerinage sur la terre. C'est au secours du sien qu'elle se croyait redevable en particulier de la fermeté et de la constance qu'elle avait montrées au milieu de tant d'épreuves et d'infortunes, qui auraient dû, ce semble, la déconcerter et l'accabler.

Outre le saint et la sainte dont elle avait reçu les noms sur les fonts du baptême, elle s'était choisi pour patrons dans le ciel, saint Joseph, le modèle des âmes pures, humbles, patientes et intérieures; saint Jean Baptiste, le digne précurseur du Sauveur; saint Jean, son apôtre, son confident et son ami; saint Benoît, l'un des premiers instituteurs de la vie monastique en Occident, et le fondateur d'un ordre si célèbre dans l'Église; enfin saint François de Borgia, son parent, bien plus illustre encore par ses éminentes vertus que par sa haute naissance, et elle les invoquait et les honorait d'une manière particulière. On me pardonnera, j'espère, ce détail trop simple peut-être, mais qui peut édifier.

La vraie source de cette admirable piété de Mlle de Foix, c'était la pensée de la mort, avec laquelle elle s'était tellement familiarisée, qu'elle la regardait pour ainsi dire comme présente et prête à chaque instant, à la dépouiller de l'enveloppe de son corps et à la réunir à son Dieu. Elle était sa maîtresse et son conseil; elle en faisait la règle de toutes ses actions. Dans les dernières années surtout de sa longue carrière, elle était devenue sa pensée dominante, l'objet incessant de ses méditations.

Bien différente des personnes mondaines qui, à l'âge même le plus avancé, mettent tout en usage pour chasser de leur esprit ces tristes, mais sages et salutaires idées de la fin dernière, parce qu'elles n'ont rien pour elles que d'amer et d'affligeant, elle s'efforçait d'en tracer les images autour d'elle, parce que la mort pour cette âme fidèle n'était que la fin de l'exil, le terme des tribulations et de la souffrance, l'heureuse entrée dans la céleste patrie. Sa chapelle était remplie de ces lugubres représentations, et la plus sensible de toutes, sans doute, était le cœur de sa sainte mère, placé en face de l'endroit où elle se tenait pour prier. Dans son cabinet, au-dessus de son prie-Dieu, se trouvait, pour ainsi dire, la mort même, une véritable tête de mort; et c'est en présence de ce triste objet que plusieurs fois, chaque jour, elle se recueillait et s'entretenait avec son Dieu. Depuis longues années, elle avait préparé elle-même tout l'appareil funèbre de ses obsèques et de sa sépulture; et un tel soin, de telles images et de telles pensées, n'enlevaient rien ni à la liberté de son esprit, ni au charme de sa conversation, ni à l'aimable gaieté de son caractère.

Depuis plus longtemps encore, toujours dominée par l'idée de sa fin prochaine, elle réservait soigneusement dans tous les paiements qui lui étaient faits, toutes les pièces de cinq sols qu'elle destinait à autant de pauvres qui assisteraient à son enterrement; on en trouva quinze cents après sa mort, elles ne purent cependant suffire, parce que le nombre des pauvres s'éleva à plus de trois mille. On trouva aussi une grande quantité de pièces d'étoffe qu'elle réservait pour vêtir de pauvres filles qui devaient l'accompagner à sa dernière demeure. Peu de jours avant son heure suprême, comme pour se détacher de plus en plus de la vie et se préparer à la nudité du tombeau, elle dépouilla sa chambre de tous ses ornements, en faveur de personnes qu'elle aimait, et légua d'avance à d'autres amis les simples et indispensables objets qu'elle conserva, et auxquels le sentiment et le pieux souvenir de ses vertus devaient un jour donner un si haut prix. Elle n'avait pas attendu ce moment pour consigner ses dernières volontés dans un testament, vrai chef-d'œuvre de justice, de cœur et de religion. Elle avait même cherché d'avance, par une précaution digne de sa belle âme, à faciliter la prompte exécution des principales intentions pieuses ou charitables qu'il contenait.

Ainsi elle avait mis de côté et désigné l'argent qu'elle destinait à des fondations de messes dans les églises de ses terres, pour le repos de son âme, avec de magnifiques présents pour les minimes de Plagnac, lieu de sa sépulture, entre autres un riche et beau calice et un ciboire d'or massif d'un grand travail ; ainsi elle avait mis encore à part presque toute la somme qu'elle léguait à quelques-uns de ses domestiques. On trouva également dans son cabinet une grande quantité de rouleaux d'or et d'argent, cachetés de ses armes et destinés, les uns à des communautés religieuses et à des églises particulières, pour s'assurer un nombre déterminé de messes ; d'autres, à faire apprendre un métier à des orphelins, quelques-uns enfin, à aider à l'établissement de quelques pauvres jeunes filles.

Mais encore une fois, si cette âme juste et si chrétienne fut toujours si saintement occupée de la mort, jamais cette pensée ne lui inspira ni frayeur, ni appréhensions. Dans la dernière lettre qu'elle écrivit à l'illustre et savant évêque d'Agen, François Hebert, qu'elle vénérait pour son caractère et son rare mérite, et qu'elle aimait comme le guide et l'ami de son cher neveu, l'abbé de Belzunce, elle disait elle-même à ce sujet : « Je ne tiens » plus à la terre, que par un petit nombre de personnes » que je considère et que j'ai choisies d'un caractère à » me donner tout espoir que nous serons un jour réu- » nies dans le ciel. Je souhaite avec impatience la mort » qui doit terminer cette vie, et quelque redoutable » qu'elle paraisse, je ne l'apprehende pas. » Elle devait, en effet, être douce pour elle, après une si longue pré-

paration, tant de bonnes œuvres, de prières et de mortification! Dieu qui l'avait conduite toute sa vie par la
rude voie des souffrances, voulut, en dédommagement,
l'inonder des plus saintes consolations dans ses derniers
moments, et lui enlever presque toute l'amertume de cet
imposant passage du temps à l'éternité. On a lieu de
croire qu'il lui donna quelque pressentiment de sa fin
prochaine.

Elle en parlait du moins et plus souvent et d'une manière plus positive. A sa dernière communion pascale,
elle se disait assurée qu'elle ne la renouvellerait pas.
Elle en parla assez ouvertement et à l'abbé de Camgrand,
chanoine et archidiacre de Saintes, son directeur, en qui
elle avait une entière confiance, et à un digne religieux
qui lui en inspirait aussi une très-grande, le père du
Caup, minime, aussi distingué dans son ordre, par sa
vertu, que par l'étendue de ses connaissances et la beauté
de son génie. Enfin la lettre suivante qu'elle écrivit à la
date du 23 mars 1706 à son neveu bien-aimé, M. l'abbé
de Belzunce, est plus concluante encore :

« Je me fais un sensible plaisir, mon cher neveu, lui
» mandait-elle, lorsque je puis gagner sur ma pauvre
» vieillesse la force de vous assurer de ma constante et
» tendre amitié. Je ne compte plus guérir de mon rhume :
» il se plaît à se renouveler tous les jours. Enfin, mon
» cher grand vicaire, il faut terminer ses jours comme
» il convient au Seigneur de l'ordonner. J'espère que
» j'aurai encore la consolation de vous voir ici avec votre
» saint évêque d'Agen. S'il en est ainsi, je verrai venir
» la mort sans me plaindre. Vous savez mes sentiments

» pour ce prélat et l'envie que j'ai de le voir avant de
» mourir.

» Empêchez donc qu'on le retienne à Agen et qu'il
» remette à l'automne son voyage de Saintes [1], car je ne
» dois plus compter sur la vie, et, en vérité, mon cher
» neveu, je suis persuadée que je n'irai guère plus d'un
» mois après Pâques. Votre tendresse pour moi va peut-
» être vous faire faire de tristes réflexions, qu'il ne faut
» pas écouter.

» Tout à vous,

» DE FOIX DE CANDALE. »

M. de Belzunce se rendit aussitôt auprès de sa vénérable tante, et elle lui tint à peu près le même lan-
gage. Sept ou huit jours avant sa fin, et le lendemain du
départ de son neveu, elle lui écrivit à Saintefoi pour le
prier de retourner à Montpont au plus tôt, lui donnant à
entendre que le temps pressait : « Venez, lui disait elle,
» quand ce ne serait que pour vingt-quatre heures ; venez
» me revoir avant de repartir de Saintefoi. Votre évêque
» le trouvera bon, et je prévois un coup de ma vieillesse
» qui ne me surprendra pas ; je m'y attends, fort soumise
» à l'ordre de la Providence, etc., etc. »

Ses pressentiments ne la trompaient pas, l'heure de la
délivrance allait sonner pour cette âme juste, et le moment
approchait où, par la mort la plus chrétienne et la plus
héroïque, elle allait dignement consommer sa noble et
sainte vie.

1. Il était visiteur apostolique de la célèbre abbaye de Saintes.

Cependant, le vendredi 28 mai 1706, la santé de Mlle de Foix paraissait meilleure qu'à l'ordinaire et même qu'elle n'avait été depuis longtemps. Elle se livra à ses mortifications accoutumées et approcha du sacrement de pénitence. Le lendemain, elle était encore aussi bien, et consacra la matinée à ses exercices habituels de piété ; mais d'abord après son dîner elle fut saisie tout à coup de la fièvre et avec une telle violence qu'elle ne se dissimula pas le danger de son état. Elle s'empressa de se soumettre à la volonté de Dieu et lui fit le sacrifice d'une vie dont elle était depuis longtemps si détachée, sans témoigner le moindre trouble, la moindre émotion. Sur les six heures du soir, la fièvre redoubla et elle crut qu'il était temps de recevoir le sacrement des mourants. Elle le demanda si souvent et avec tant d'instance qu'on ne put lui refuser cette pieuse consolation, bien qu'on ne crût pas encore à l'imminence du danger. Elle apporta à la réception de cet auguste sacrement d'admirables sentiments de foi et de piété, et un calme et une tranquillité d'âme bien rares dans ces tristes moments. Elle s'entretint ensuite longtemps avec son Dieu, mais avec une telle ferveur et en des termes si touchants que les assistants ne purent retenir leurs larmes et leurs sanglots. Leur émotion et leur attendrissement redoublèrent encore, lorsqu'ils virent cette sainte fille se tourner vers eux et avec autant d'affection que d'humilité, leur demander pardon des mauvais exemples qu'elle leur avait donnés et du chagrin qu'elle pouvait leur avoir causé pendant sa vie et les conjurer de solliciter la miséricorde du Seigneur pour elle, comme elle leur promettait de lui

demander pour eux toutes les bénédictions du temps et
de l'éternité. Après ce grand acte d'abnégation chrétienne, elle pria instamment qu'on lui apportât le saint
viatique. A sa vue, ses forces abattues semblèrent se
renouveler, et la ferveur qui embrasait son cœur brilla
sur tous ses traits. « Vous savez, Seigneur, dit-elle
» d'une voix haute et distincte, vous savez que vous avez
» été mon unique consolation sur la terre; vous avez fait
» toute la douceur de ma vie et vous avez été le seul con-
» fident de mes peines, sans que ma foi ait jamais chan-
» celé. Non, mon Sauveur, par votre divine miséricorde,
» jamais je n'ai douté un seul instant de votre présence
» réelle dans le saint Sacrement ; vous y avez toujours
» été l'objet de mon adoration, de mon entière confiance
» et de mon amour. Oubliez, ô mon Dieu, les égarements
» de ma jeunesse et tous les désordres de ma vie. Hélas!
» Seigneur, hélas! vous allez en quelque manière quitter
» pour moi la qualité de Sauveur, pour vous revêtir de
» celle de juge ; mais j'espère que vous me ferez miséri-
» corde, ô mon doux Jésus, et je vous la demande de
» tout mon cœur! »

Puis, les mains jointes et tournées vers le saint Sacrement, elle s'écria avec une nouvelle force que sa vive foi
seule pouvait lui donner : « Miséricorde! miséricorde,
» mon Dieu ! miséricorde ! »

Après cette énergique et si touchante exclamation qui
remua profondément tous les cœurs, elle se mit dans la
posture la plus humble et la plus respectueuse pour
l'adorer et s'unir à lui dans le sacrement de son amour.
Malheureusement un étouffement et un vomissement qui

survinrent tout à coup l'en empêchèrent pour le moment. Afin de s'en dédommager, elle pria qu'on portât près d'elle le vase sacré qui contenait son Seigneur et son Dieu, et elle y déposa un baiser plein de foi, de ferveur, de repentir et de regret. Elle demeura ensuite dans un profond et respectueux silence ; mais son visage animé et ses yeux et ses mains agités indiquaient assez que son cœur n'était pas muet et qu'il ressentait tous les sentiments de la plus vive et de la plus tendre piété. Cependant dans l'espoir que quelque intervalle favorable lui permettrait bientôt de communier, on plaça le saint Sacrement sur une table disposée au pied de son lit et les prêtres qui l'avaient accompagné se mirent à réciter les prières analogues à l'état de l'auguste malade. Mais, après un quart d'heure d'une fervente adoration, les accidents continuant, elle demanda elle-même qu'on le reportât à la chapelle « afin, dit-elle, de ne pas abuser » de l'honneur que le Seigneur lui faisait et de la bonté » dont il la comblait. » Elle le suivit du regard et des mains autant qu'il lui fut possible, lui demandant un jugement favorable. Dès qu'elle l'eut perdu de vue, elle prit un petit crucifix qu'elle avait toutes les nuits sur son cœur et elle le portait de temps en temps à sa bouche pour y coller ses lèvres. Elle était d'ailleurs sans souffrance ; son cœur était calme et paisible et elle ne put s'empêcher de s'écrier elle-même à plusieurs reprises : « Mon agonie est longue, mais elle est bien douce ! Je » meurs sans peine, je quitte la vie sans regret. Hélas ! » il est bien temps de finir cette longue vie que j'ai si » mal employée et pendant laquelle j'ai si peu reconnu

» les bontés de mon Dieu ! Mais j'en ai du repentir et j'es-
» père en son infinie miséricorde. »

Son état persista toute la journée du samedi. Le dimanche matin, il parut s'améliorer ; tous les symptô-mes fâcheux diminuèrent sensiblement, et on osa se livrer à l'espoir ; elle seule ne se croyait pas moins mal, et dit que certainement un second accès de fièvre l'emporterait.

Cependant le bruit de sa maladie s'était promptement répandu et avait porté la douleur et l'inquiétude dans tous les cœurs. Ce même jour, dès l'aurore, toutes les cours du château se remplirent en un instant d'une foule de pauvres fondant en larmes, poussant des gémisse-ments et conjurant le Ciel de ne pas leur enlever leur généreuse bienfaitrice, leur unique soutien.

Tristes et touchants témoignages de gratitude et d'a-mour qui honorent trop rarement les derniers moments des grands !

Ses domestiques et les habitants de la ville, non moins désolés, se précipitèrent presque dans sa chambre et, malgré tous les efforts que l'on fit pour l'empêcher, elle se trouva bientôt remplie ; tous voulaient voir encore une fois la plus vertueuse et la plus aimée des maîtresses, en recueillir un dernier regard, une dernière parole ; tous étaient saintement avides de contempler le religieux et saisissant spectacle d'une âme juste combattant le dernier combat de la vie avant de s'envoler dans le sein de Dieu ! A la vue de cette foule empressée et attendrie, la bonne et pieuse malade, vivement émue, réunit toutes ses forces, se fit asseoir sur son lit et lui adressa ces tou-

chantes et salutaires paroles : « Tout ce qu'on peut faire
» en cette vie pour Dieu et pour son salut, mes amis,
» comparé à ce qu'on devrait faire et à ce qu'on attend
» dans l'autre, doit être compté pour rien, et n'est rien
» en effet, on le comprend bien dans l'état où je suis et
» où vous vous trouverez un jour aussi bien que moi.
» Ne vous attachez pas aux biens périssables de ce
» monde et gardez-vous bien de retenir rien de mal ac-
» quis; en quittant la vie, hélas ! vous le voyez, nous
» n'emportons rien avec nous de toutes nos richesses,
» que le regret trop souvent d'en avoir fait un mauvais
» usage. Je crois, dit-elle en se retournant du côté de ses
» domestiques qui fondaient en pleurs, je crois, mes amis,
» que vous m'avez servie avec fidélité; je vous en loue et
» remercie, et je vous exhorte à vous conduire toujours
» de mieux en mieux, quel que soit l'emploi que vous
» allez prendre. Je suis fâchée de ne vous avoir pas
» donne de meilleurs exemples dans ma maison; mais
» Dieu sait, et vous savez vous-mêmes, qu'il n'a pas
» tenu à moi que vous n'y ayez fait votre salut. Je vous
» recommande de travailler à cette grande affaire, de
» vivre en gens de bien et en gens d'honneur. Craignez
» le Seigneur, mes enfants, il n'y a que cela de solide.
» Evitez de l'offenser, et soyez dévots à la sainte Vierge,
» notre bonne maîtresse. Faites, sur toutes choses, faites
» souvent réflexion, pendant votre vie, à ce que vous
» voudriez avoir fait quand vous vous trouverez au ter-
» rible moment où vous me voyez à présent. Priez Dieu
» pour moi, mes enfants, demandez-lui de me faire mi-
» séricorde, et croyez que, s'il m'appelle à lui, comme

» j'ose l'espérer, je le prierai de vous bénir et de vous
» accorder toutes les grâces dont vous avez besoin. »
Elle parla ensuite à plusieurs en particulier, et avec la
même force, sur les obligations de leur état, et à quelques pères et mères sur le devoir qui leur était imposé
de donner une éducation chrétienne et de vertueux
exemples à leurs enfants, de leur inspirer la crainte de
Dieu et la dévotion à sa sainte mère. Elle voulut ensuite
dire à tous le dernier adieu, et on n'y répondit que par
des larmes et des sanglots.

On serait sans doute édifié d'apprendre tout ce que
cette sainte et illustre mourante prononça dans une circonstance si touchante; mais les gemissements des uns,
l'émotion et la douleur de tous ne permirent à personne
de prêter assez d'attention pour ne rien perdre de ses
dernières et si intéressantes paroles.

Craignant même qu'un entretien si long et si animé
ne lui fût funeste, on prit la liberté de la prier de le cesser et de s'épargner tant de fatigue : « Non, non, répon-
» dit-elle en repoussant l'alphabet sur lequel on lui par-
» lait, qu'on fasse approcher le juge de Montpont. Je
» vous ai toujours estimé, lui dit-elle, parce que j'ai cru
» que vous exerciez la justice avec zèle et intégrité ; je
» vous la recommande pour tous, mais en particulier
» pour les pauvres, que vous devez soutenir, et, je vous
» en prie pour la dernière fois, ayez bien soin de mon
» hôpital, protegez mes chères Sœurs de la Charité qui
» le servent. Je vous prie, vous et tous ceux qui ont eu
» quelque bonté pour moi, d'en avoir pour ces saintes
» filles quand je ne serai plus. Allez, monsieur le juge,

» ajouta-t-elle, chez N. et chez N. (deux personnes de la
» ville qui ne la voyaient pas), allez les assurer de ma
» part que je ne leur veux aucun mal. Le premier sait
» bien qu'il n'a tenu qu'à lui de me voir. Quant au se-
» cond, j'ai cru qu'après lui avoir si souvent pardonné
» je lui ferais plaisir de lui épargner la honte de paraî-
» tre devant moi : j'ai agi en cela par conseil ; mais
» Dieu sait, et il ne peut le désavouer lui-même, que je
» n'ai jamais voulu me venger, quoique je l'aie pu ; je
» crois même devoir dire que j'ai, depuis, souvent rendu
» service à lui et à sa famille, et que je l'ai fait avec
» plaisir. Dites à l'un et à l'autre que j'ai vécu et que je
» meurs, par la grâce de Dieu, dans tous les sentiments
» que je leur dois, et que je prie Notre-Seigneur de leur
» donner toute sorte de prospérités et sa sainte bénédic-
» tion. » Une voix s'élevant du milieu de la foule lui
ayant demandé alors ce qu'il faudrait leur dire, s'ils
exprimaient le désir de la voir. « Oh ! oui, répondit
» notre sainte et charitable fille, et de tout mon cœur ;
» ils me feront un vrai plaisir : je les verrai quand il
» leur plaira. » Le dernier, cependant, dont elle venait
de parler, était un homme méprisable sous tous les rapports, d'une profession basse, d'une vie deréglée, d'une
réputation tarée et qui n'avait jamais répondu que par
la plus noire ingratitude aux bontés multipliées de
Mlle de Foix, et opposé, à des pardons souvent repétés,
que de nouveaux manquements, sans jamais pouvoir
lasser ni sa patience ni sa génerosité.

Pendant que le juge allait remplir ses pieuses intentions, l'abbé de Campgrand, son directeur, qu'on avait

été chercher en toute hâte sur la route de Saintes, où il retournait, arrivait et se présenta devant elle. Elle témoigna une grande joie de le voir ; elle avait toujours demandé à Dieu d'en être assistée dans ses derniers moments, et elle avait la ferme confiance qu'il ne lui refuserait pas cette consolation. Elle lui prit la main avec affection et lui dit en souriant : « Je vous l'avais bien
» dit, mon cher abbé, qu'il ne fallait pas me quitter, que
» j'étais plus proche de ma fin que vous ne pensiez, et
» que vous pourriez vous savoir mauvais gré de ne m'a-
» voir pas crue. »

Tous les accidents ayant cessé, elle se trouva en état de recevoir le saint viatique. On ne saurait dire la joie sainte qu'elle en éprouva, ni avec quelle foi vive, quelle profonde humilité, quels sentiments brûlants d'amour et de ferveur elle reçut ce *pain des anges* qui venait nourrir son âme pour la dernière fois, la consoler et la fortifier pour le grand et mystérieux passage du temps à l'éternité ! Cette auguste et touchante scène remplit tous les assistants d'une religieuse émotion, seule capable d'adoucir un instant l'amertume de leurs regrets. L'illustre malade, tout absorbée dans sa piété après sa communion, entra d'abord dans un grand calme, et son état parut moins alarmant. Mais bientôt revenue à elle, on s'aperçut que ses forces déclinaient. Sa poitrine se remplissait, et deux saignées aussitôt pratiquées ne purent la dégager. Le lundi matin, lui jugeant encore assez de force pour supporter un remède plus énergique, on se décida à lui administrer du tartre émétique qui la tourmenta beaucoup.

Cependant, dès qu'il eut cessé d'opérer, se sentant mieux, elle voulut qu'on l'habillât et ordonna qu'on la portât à sa chapelle. Dans son triste état, dans l'extrême faiblesse où l'avait réduite un remède aussi violent, un tel trajet et l'impression de l'air extérieur offraient pour elle un vrai danger. Tout le monde en fut effrayé, et on pria l'abbé de Campgrand d'user de toute son autorité pour s'y opposer ; mais à peine prenait-il l'alphabet pour parler à la pieuse malade, que, le détournant en souriant et devinant ce qu'il voulait lui dire : « Vous êtes » directeur, il est vrai, lui dit-elle, mais vous savez bien » que vous êtes le second. Dieu est le premier; il est » chez moi, il est dans ma chapelle; je veux l'y aller » entretenir, lui rendre mes hommages et l'adorer pour » la dernière fois sur la terre. Ne m'en parlez donc plus, » je vous en prie; vous voyez bien qu'il serait inutile de » vouloir m'en empêcher. »

Sa résolution étant si inébranlable, l'abbé de Campgrand n'osa pas insister, malgré l'inquiétude qu'il éprouvait. Deux gentilshommes se présentèrent pour la porter, et elle fut suivie d'une foule de personnes dont l'admiration était mêlée aussi des plus cruelles alarmes. Quant à elle, elle en éprouvait si peu, que s'étant aperçue, en sortant de sa chambre, qu'une de ses femmes se munissait d'un flacon d'eau de la *Reine de Hongrie*, en cas d'accident, elle la remercia d'un geste obligeant, en y joignant un sourire qui indiquait qu'elle croyait n'avoir nul besoin de pareilles précautions. Arrivée au lieu saint, elle se fit placer à genoux au pied de l'autel, et elle y demeura en prières, les mains jointes, un temps très-considérable pour sa douloureuse situation. Ce ne fut que lorsqu'elle sentit elle-même ses forces l'abandonner, qu'elle permit qu'on l'enlevât de la présence de son Dieu et de ce lieu sacré où elle avait passé les heures les plus douces de sa vie. Rentrée chez elle, elle poussa un soupir et dit aux personnes qui l'entouraient qu'elle était au comble du bonheur d'avoir pu, une dernière fois, adorer son divin Sauveur et le remercier d'avoir voulu, depuis tant d'années, habiter sous son toit pour la plus grande consolation de son âme. Puis, n'oubliant pas qu'elle avait un devoir de gratitude et de politesse à remplir, elle se fit asseoir sur une chaise et parla elle-même aux deux gentilshommes qui lui avaient fait l'honneur, disait-elle, de la porter dans la maison de son Dieu. Elle les remercia affectueusement, avec une étonnante liberté d'esprit et avec cette grâce, cette exquise urbanité qui ne l'abandonna jamais ; elle leur exprima toute sa reconnaissance pour leur intérêt et leurs sympathies, les assura qu'elle avait toujours cherché toutes les occasions de leur rendre ses humbles services, et que, si elles s'étaient présentées, elle les aurait saisies avec autant d'empressement que de joie, les priant d'en être aussi convaincus que de son zèle, si elle trouvait grâce devant le Seigneur, comme elle en avait l'espoir, à n'oublier ni eux ni leurs familles, et à chercher à leur obtenir les biens du temps et de l'éternité. « Il faut, mes- » sieurs, ajouta-t-elle en s'adressant à tous ceux qui » l'entouraient, il faut certainement penser à cette éter- » nité. Vous êtes pour la plupart jeunes encore, il est » vrai, mais peut-on y penser trop tôt ? Et qu'est-ce que

» la vie ? Une ombre qui se dissipe en un instant. Pour
» moi, je la quitte, et je n'ai d'autre regret que d'en avoir
» employé une trop faible partie au service de mon Sau-
» veur, et de l'avoir encore, hélas ! si mal employée !
» J'attends tout, cependant, de la bonté infinie de ce
» Dieu des miséricordes. » Elle recommanda ensuite quelques personnes qui lui étaient très-chères, et malgré
l'émotion et l'attendrissement qui régnaient autour d'elle,
malgré les larmes qui coulaient de tous les yeux, elle put
conserver toute son héroïque fermeté, tant cette grande
âme était déjà détachée de cette terre qu'elle allait
quitter.

A peine fut-elle sur ce lit d'où elle ne devait plus se
relever, que les personnes dont nous avons parlé, qui
depuis bien des années s'étaient attiré le malheur d'être
privées de la voir, entrèrent dans sa chambre et lui furent annoncées. Elle les accueillit avec une extrême
affabilité et, par une délicatesse digne de sa belle âme,
elle voulut les entretenir longtemps et affecta de ne leur
parler que de leurs familles et de choses même indifférentes, comme elle eût pu le faire en parfaite santé et
avec des visiteurs ordinaires. Ces hommes se retirèrent
confus de tant de bontés et heureux de leur réconciliation, et aussi sans doute avec le regret amer d'avoir pu,
pendant trop d'années, méconnaître et contrister un cœur
si noble et si généreux.

Après leur départ, l'amitié donna à la pieuse mourante
encore assez de force pour adresser de tendres paroles à
toutes les demoiselles qui vivaient chez elle, et surtout
à Mlle de Courbieu d'Escourailles, qui, depuis dix ans,

ne l'avait pas quittée, et qui par sa piété, sa vertu et la
solidité de son jugement et de sa raison, s'était tellement concilié son estime et son affection, qu'elle l'honorait de son intimité et de toute sa confiance : « Je meurs,
» lui dit-elle; il faut nous séparer, ma très-chère en-
» fant; mais vous devez bien compter que, dès que je
» serai au ciel, si Dieu me fait la grace d'y aller, comme
» j'en ai la douce espérance, je prierai pour vous d'une
» manière bien plus particulière que pour toute autre.
» Je vous demande, ma chère filleule, une triste marque
» de votre amitié, c'est de me fermer vous-même les
» yeux aussitôt que j'aurai rendu l'esprit, et de veiller à
» ce que le cœur de ma mère soit mis dans mon cer-
» cueil. » A peine elle terminait ces douloureuses recommandations, avec son calme et sa tranquillité ordinaire,
et au milieu des pleurs et des sanglots de sa jeune amie
et de ses compagnes, que les Pères de la magnifique
Chartreuse, qui était aux portes de Montpont, et dont
l'Ordre la comptait au nombre de ses affiliés, vinrent la
voir et l'assurer du suffrage de leurs prières. Elle les
reçut avec joie, les remercia de leur bonne visite, et leur
parla d'une manière si touchante, qu'en la quittant ils
ne purent retenir leurs larmes.

Cependant dans la nuit du lundi au mardi, son état
empira cruellement; son accablement devint extrême,
et on perdit dès lors tout espoir de conserver une vie si
chère et si précieuse. Elle n'avait plus que la force de
baiser le crucifix qu'on lui présentait de temps en temps,
comme la seule exhortation qu'on pût lui faire à cause
de sa surdité; mais trouvant qu'on ne le lui donnait pas

assez souvent, elle le prit elle-même dans une de ses mains, quoiqu'elle en eût un plus petit dans l'autre, et voulut les garder tous deux, et mourir ainsi doublement armée du signe de notre salut. Bientôt, sa poitrine s'embarrassant de plus en plus, il devint impossible de distinguer rien de ce qu'elle disait. Elle s'efforçait cependant encore de parler, et tout semblait indiquer qu'elle cherchait à s'encourager et à consoler ceux qui entouraient son lit de mort dans la plus amère affliction. S'apercevant qu'on ne l'entendait pas, elle voulut plusieurs fois, mais en vain, parler avec son alphabet : la faiblesse de sa main l'avait rendue si tremblante, qu'il lui était impossible de lire ce qu'elle désirait exprimer.

On a lieu de croire que Dieu, dans cette nuit suprême, a voulu la favoriser de quelque grâce extraordinaire et lui donner un avant-goût du bonheur qu'il lui préparait. On la vit tout à coup, dans un silence soudain et un calme profond, si peu naturel en son état, les yeux et le visage tournes vers le ciel, regarder attentivement et d'un air riant, s'élancer avec force vers ce qu'elle regardait, tendant les bras pour saisir ou embrasser quelque chose, dont la vue semblait la ravir et suspendre tous ses maux. Cette scène mystérieuse se répéta jusqu'à trois fois, et remplit tous les témoins d'une religieuse émotion.

Revenue de cette espèce d'extase, elle tenta encore de se faire entendre, et à ses gestes affectueux, on jugea qu'elle continuait à reconnaître tout le monde ; mais vers cinq heures du matin, elle cessa de donner tout signe de connaissance. Enfin, à six heures, sans effort et sans la moindre convulsion, la douceur et la tranquillité peintes sur le visage, remplie de bonnes œuvres et de mérites, elle rendit son âme entre les mains de son Créateur.

Ainsi mourut saintement , comme elle avait vécu, l'illustre Mlle de Foix, le mardi matin, premier juin, de l'an mil sept cent six, à l'âge de quatre-vingt-huit ans.

Il serait impossible de peindre la douleur générale qui suivit ce cruel événement. La désolation était sur tous les visages; on n'entendait dans le château et dans Montpont que sanglots et cris déchirants. Bientôt l'affreuse nouvelle se répandit de la ville à la campagne, et tout le pays, en un moment, fut plongé dans une véritable consternation. On eût dit que chaque famille venait de perdre ce qu'elle avait de plus cher. Jamais personne n'excita de plus vifs, de plus universels, et aussi de plus légitimes regrets : Mlle de Foix n'était-elle pas la gloire de la religion, l'ornement de son sexe, et ne faut-il pas des siècles entiers pour produire une personne si parfaitement accomplie?

Son corps inanimé n'inspirait pas l'horreur qui est comme inséparable de la mort, et dont nous nous défendons à peine pour les personnes mêmes que nous avons le plus tendrement aimées. Il en fut respecté, il fut préservé de ses traits les plus hideux; ni sa couleur naturelle, ni sa forme ne furent altérées, et sur son visage, merveilleusement conservé, respiraient encore la douceur, le calme et la paix de son dernier soupir.

On ouvrit sur-le-champ son codicille, comme elle l'a-

vait ordonné, et on exécuta ponctuellement ce qu'elle
avait prescrit pour ses funérailles. Le lendemain, son
corps fut transporté au couvent de Plagnac, à une lieue
de Montpont, fondation de son père et lieu de sa sépulture, ainsi que de celle de sa sainte mère. Le convoi
fut accompagné de tout ce qu'il y avait de distingué
dans le pays, et surtout de plus de trois mille pauvres
dont les pleurs et les cris déchirants perçaient tous les
cœurs, et formaient le plus bel éloge de la pieuse et charitable défunte.

Cette scène touchante se renouvela le quarantième
jour après son décès, au solennel et pompeux service que
le duc de Foix fit célébrer pour rendre à la mémoire de
sa chère et illustre tante tous les honneurs qu'exigeaient
sa vertu et sa naissance. Son oraison funèbre y fut pro-
noncée au milieu du concours de toute la noblesse de la
province, des nombreux parents, des nobles maisons de
Foix et de Lauzun, et de la population entière de la
ville.

Il y a peu de personnes, même du rang le plus élevé,
qui, à leur mort, aient été aussi honorées, et en tant de
lieux différents. Des communautés, des chapitres et des
collèges, célébrèrent à l'envi son nom et ses vertus. On
vit jusqu'à de simples curés faire de leur propre mouvement des services solennels dans leurs églises pour le
repos de son âme et prononcer son éloge funèbre, per-
suadés que les saints et admirables exemples qu'elle
avait donnés pendant sa vie, devaient porter au bien les
âmes confiées à leurs soins.

Enfin, son digne et bien-aimé neveu, le futur héros de

Marseille, M. l'abbé de Belzunce, engagé plus que tout autre par le triple lien du sang, de l'amitié et de la reconnaissance à honorer sa mémoire, se hâta de recueillir sur sa sainte vie de précieux materiaux, dont nous avons tressé cette faible couronne que nous déposons sur sa tombe...

TROISIÈME PARTIE

M. de Belzunce inséra, à la fin de son ouvrage, ce choix de lettres de Mlle de Foix, pour justifier ce qu'il avait dit des charmes et de la beauté de son esprit.

Nous avons vainement tenté de nous en procurer les originaux; mais la haute autorité d'un tel témoignage ne peut nous laisser le moindre doute sur leur authenticité.

Ces lettres, où brillent habituellement tant de facilité, d'élégance et de grâce, sont d'autant plus remarquables, que Mlle de Foix était plus qu'octogénaire lorsqu'elles sortirent de sa plume. Nous ne pouvons que regretter que le pieux biographe n'en ait pas augmenté la collection de quelques autres lettres d'une date antérieure, et qui devaient tirer un nouveau charme de la vivacité de l'âge et de la fraîcheur de l'imagination.

PREMIÈRE LETTRE

A M. le duc de Foix.

J'ai toujours été du sentiment qu'il ne faut pas compter sur une vieille personne. J'ai failli, il y a peu de jours, Monsieur, en être la preuve convaincante. Une fièvre de vingt-quatre heures, et des plus violentes, a pensé vous priver de la personne du monde le plus tendrement et sincèrement attachée à tous vos intérêts. Les soins ordinaires de M. de Férechapt ont assez heureusement calmé cet orage ; mais comme il y aurait de la témérité à se flatter d'en être tout à fait et pour toujours à couvert, agréez, Monsieur, qu'à mon ordinaire j'agisse avec vous avec une entière confiance en l'honneur de votre amitié et de votre bon cœur pour moi, et que je vous fasse souvenir de ce que je vous ai demandé. Je commencerai par M. de Férechapt ; mais comme il a plus que jamais l'honneur d'être attaché à votre service, je suis plus que persuadée que le zèle qu'il y déploie vous parlera toujours en sa faveur, et plus utilement que ne sauraient le faire toutes mes recommandations. Il me reste à vous prier, Monsieur, de ne pas oublier ce que vous m'avez fait l'honneur de me promettre et au petit de Lavagnac, que vous l'honoreriez de votre protection, et que vous le mettriez page chez le roi. Je souhaiterais fort qu'il y entrât à la fin de cette année. Si je meurs après cela, je le laisserai dans un lieu où il apprendra à se rendre digne de la grâce que je vous demande pour lui, de vouloir bien prendre la qualité de son patron. Faites-moi donc l'honneur, je vous supplie, de m'en donner votre parole, et, quoique je la croie aussi sacrée que celle des rois, je ne laisse pas de vous conjurer de le faire par écrit. Dieu, en me privant de la mère, m'a chargé de cette petite famille et surtout de celui que je vous recommande, car il est mon filleul. Je me fais un point d'honneur de remplir dans sa personne tous les devoirs de l'amitié et de la reconnaissance.

Tout mon chagrin, c'est de ne pouvoir le faire sans vous importuner. Tel est mon triste sort de ne pouvoir rien de moi-même, que vous honorer et aimer, Monsieur, avec toute la passion et le respect que vous doit votre très-humble et obéissante servante.

De Foix de Candale.

Le 30 septembre 1699

DEUXIÈME LETTRE

A M. le duc de Lauzun.

Vous aurez sujet d'être surpris, mon très-honoré Germain, de voir une vieille fille de quatre-vingts et quelques années, qui n'a jamais voulu allumer pour elle le flambeau nuptial, prendre à présent si fort à cœur de marier ses parents et ses amis. Mais pour y réussir, mon très-honoré Germain, j'ai besoin que vous me fassiez l'honneur d'entrer dans mes sentiments et de m'aider de la bonne manière. C'est pour le marquis de *** que j'ai toujours aimé. Son premier mariage l'aurait rendu très-heureux s'il eût été de plus longue durée. Parlant un jour de son malheur à M. de la ***, qui a, je crois, l'honneur d'être connu de vous, il me dit qu'il avait été à *** où il avait vu Mlle ***. Je lui dis qu'elle pourrait, si elle voulait, réparer sa perte très-avantageusement. Si vous le désirez, me répondit-il, Mademoiselle, je lui en parlerai. Il le fit deux ou trois jours après, et sans chercher d'autre détour il lui dit ce que je souhaiterais passionnément. Elle répondit à cela avec un sourire modeste et obligeant, que je lui faisais beaucoup d'honneur ; qu'elle avait pour M. *** toute la considération possible ; mais que je savais bien qu'une fille n'était pas maîtresse de son sort ; qu'elle obéirait toujours, comme elle le devait, à monsieur son père. J'ai cru sur cela que je ne devais pas abandonner ma pensée. J'en ai parlé à bien des personnes qui s'intéressent des deux côtés, et qui m'ont dit la chose fort faisable et également avantageuse pour les deux parties... Faites donc, je vous en supplie très-humblement, un petit effort d'empressement qui ne vous est pas plus naturel qu'à moi, mon très-cher Germain; mais il est des rencontres si précieuses pour nos proches, qu'il ne faut rien oublier pour réussir. Assurément notre neveu le mérite; vous le connaissez mieux que moi. Pardonnez-moi ce long entretien. On dit, et vous le savez mieux que moi certainement, que lorsqu'on est en train de parler d'amour, pour soi ou pour ses amis, on à peine à se taire. Soyez persuadé, mon très-cher Germain, que j'en ai pour vous un très-fraternel, et de toutes les qualités la plus de mise entre vous et moi. J'ajoute à cette petite douceur que je suis avec respect toute à vous.

DE FOIX DE CANDALE.

TROISIÈME LETTRE

A M. le maréchal de Montrevel.

MONSIEUR,

Après ce que m'écrit M. de Férachapt, par votre ordre, mon silence me paraîtrait criminel, quoiqu'il fût rempli de respect et de crainte de ne pouvoir vous exprimer la reconnaissance dont mon cœur est pénétré, de l'honneur que vous me faites à vous déclarer mon protecteur. Celte qualité n'était due qu'à une personne de votre naissance et de votre mérite. Mais c'est, Monsieur, dans des termes qui flatteraient trop ma fierté naturelle, si je ne les regardais comme l'excès de votre honnêteté; je ne laisse pas de vous rendre de très-humbles actions de grâces. Ils me semblent augmenter la différence qu'il y a de vous à un homme, qui ne fait de figure dans le monde que par l'aveuglement de la fortune et contre l'intention de la nature, qui ne l'avait pas destiné à porter l'épée. Il est vrai que ce n'est que par elle qu'il est honoré d'un emploi qui le distingue de ses semblables, et la tête tourne facilement par la possession des honneurs et des biens mal acquis. Pardonnez-moi, Monsieur, la liberté que je prends de vous faire connaître la situation de mon cœur, qui se trouve soutenu par la générosité du vôtre. Soyez persuadé, je vous supplie, que le respect et la reconnaissance en sont inséparables jusqu'au dernier soupir de votre très-humble et très-obéissante servante.

DE FOIX DE CANDALE.

Le 20 décembre 1705.

QUATRIÈME LETTRE

A Mme la marquise de Belzunce.

Ce sera toujours avec beaucoup de raison, ma très-chère Germaine, que l'on s'adressera à vous pour obtenir ce que l'on désirera de moi. La personne, en faveur de laquelle vous m'écrivez, en aurait reçu une preuve convaincante, si la chose dépendait absolument de moi... Vous me faites l'honneur d'avoir trop de bonté pour moi, ma très-chère Germaine, pour n'entrer pas dans mes raisons dans cette affaire. J'ai soutenu, autant qu'il m'a été possible, le malheureux dont on demande la charge. Il se flatte encore de quelque retour favorable pour lui. Je ne lui en retrancherai pas les moyens. C'est, comme vous le voyez, vous parler avec toute la sincérité que demande la véritable amitié que j'ai pour vous... Je ne sais point les intentions de M. le duc de Foix, à qui je dirai franchement le bien et le mal que je saurai des prétendants. Je suis sûre qu'il préférera à tous les autres celui que vous avez présenté, et vous jugez bien que je ne lui serai pas contraire ; car je vous jure qu'il n'est personne au monde à qui je veuille plus plaire qu'à vous, ni qui ait sur moi un plus absolu pouvoir... Mlle de *** a enfin épousé M. de ***. Sa noblesse n'est pas brillante comme les étoiles, sa personne est un peu antique ; mais son bien a de quoi éblouir une jeune personne...

Je suis, ma très-chère Germaine, plus à vous qu'à moi-même.

DE FOIX DE CANDALE.

CINQUIÈME LETTRE

A Mme de Foucault.

Je suis trop sensible, Madame, à la charité que vous avez pour moi de vouloir promettre à ma chère filleule de venir pour quelques jours, me consoler de sa trop longue absence, pour ne pas vous en rendre mille très-humbles grâces. Je souhaiterais en récompense que Dieu voulût faire en votre faveur une guérison que l'on n'a point encore en vue. S'il ne fallait pour cela que donner du plus pur de mon sang, je viens, Madame, avec un extrême plaisir, faire ouvrir toutes mes veines en votre présence, et vous faire avouer par là qu'il faut que tous les cœurs du monde cèdent au mien la qualité de savoir bien aimer. Je ne nie pas que mon intérêt n'y ait part, mais de la manière qu'il y entre, il est approuvé de Dieu, et le doit être de toutes les personnes raisonnables... Si vous aviez voulu, Madame, choisir le désert de Montpont pour votre retraite, Dieu sait avec quel plaisir je vous y aurais reçue !... Vous devez être persuadée que votre mal est incurable ; mais il ne tue pas aussi vite qu'on le croit. Vous trouveriez ici de la consolation spirituelle et temporelle. Enfin, Madame, comptez sur moi pour tout ce que vous pourrez désirer d'une amie sincère, qui vous estime, et qui est de tout son cœur, Madame, votre très-humble et très-obéissante servante.

DE FOIX DE CANDALE.

Le 9 janvier 1701.

SIXIÈME LETTRE

A Mlle de Courbiac d'Escourailles.

Vous ne trouvez donc pas d'occasion, ma très-chère filleule, pour me donner de vos nouvelles et de celles de Mme de Foucauld, et vous ne savez écrire qu'à Saintes. Je veux que mon cœur soit aussi sourd que mes oreilles, pour ne pas entendre ce que veut dire cette préférence : j'en attendrai l'explication de vous-même. Je mérite que vous songiez à la peine que me causent votre éloignement et l'état de Mme de Foucauld. Vous ne pouvez pas ignorer que le mien est assez digne de compassion. Vous savez la peine que j'ai d'être à charge à mon prochain et de dépendre de sa charité. C'est, grâce à la trop grande fierté dont mon cœur est pétri, ce que je trouve de plus rude dans ma surdité. Je crains que vous n'alliez à Villeneuve, persuadée que je suis qu'on n'oubliera rien pour vous engager à y demeurer. Je pardonne à ces sentiments d'amitié pour vous : mais rassurez-vous, ma plus chère filleule, que vous en trouverez toujours en moi de si tendres et de si solides, que j'ose dire qu'ils mériteraient la préférence. Qui dit parent, ne dit pas toujours ami véritable : l'expérience de bien des gens peut donner des leçons là-dessus à tout le monde.

On vient de me prier d'assister au mariage de M. de *** ;

mais je n'ai ni l'humeur ni le visage de noces. Mlle de ***
est ici ; elle a beaucoup d'esprit et agit d'une manière
très-obligeante ; mais nous ne sommes pas nées pour
vivre et mourir ensemble. Je n'ai pas renoncé à ma sincérité en cette rencontre ; j'ai parlé franchement. Je me
plais dans la solitude et la tristesse, ne vous ayant pas
et ne pouvant plier mon cœur à suivre le conseil de la
chanson qui dit que « quand on n'a pas ce qu'on aime,
il faut aimer ce que l'on a. » J'espère que vous m'appren-
drez que Mme de Foucauld se porte mieux, et vivra encore
bien des années ; il est temps que les miennes finissent.
Je suis autant et plus qu'à moi-même, ma très-chère filleule, toute à vous.

DE FOIX DE CANDALE.

21 décembre 1700.

SEPTIÈME LETTRE

A la même.

J'ai reçu votre lettre, ma très-chère filleule, qui me donne bien du chagrin. Si j'avais à choisir entre l'état de Mme de Foucauld et le mien, je choisirais avec joie le sien. Il n'est pas juste d'augmenter vos peines et vos chagrins par un entretien aussi triste que celui que j'aurais avec vous. Dieu soit béni de tout ce qui lui plaît ! Pourvu qu'il me fasse miséricorde, je ne dois pas me plaindre d'acheter, selon moi, un peu cher cette grâce, qui fera mon bonheur pour l'éternité. Le temps passe, ma très-chère filleule, et le mien sera bientôt passé, s'il plaît à Dieu. Je le supplie de vous fortifier. Ma solitude ne vous doit pas faire de peine ; elle me plaît infiniment. Si je la pouvais rendre pour tout le monde aussi douce qu'elle l'est pour moi, tout irait bien ; mais comme je n'aime plus que mon prochain, je ne trouve pas mauvais que chacun se préfère à moi. Depuis votre éloignement, franchement, je suis une demoiselle de mauvaise société. Je ne fais cependant de peine à personne ; mais la vieillesse me fait pitié : je souffre de la voir le rebut de tout le monde, et je tâche de la soutenir de mon mieux. Après vous avoir parlé de mes peines, il faut vous faire part de la joie que me donne la sincère conversion de M. de la Roquette. Vous savez que je ne me suis jamais rebutée ; que je lui parlais, et lui faisais lire des livres propres à le convaincre. Je lui en avais donné un à lire, et fait promettre de me le rapporter lui-même, pour me dire s'il l'aurait trouvé de son goût. Dieu lui a fait la grâce de lui toucher si vivement le cœur par cette lecture qu'il n'a pu résister plus longtemps au Saint-Esprit. Il est venu me rapporter le livre, et me dire, d'un air attendri, qu'il était convaincu ; qu'il venait me faire cette agréable déclaration et s'engager à vivre et mourir bon catholique. Ces paroles me donnèrent une si vive joie, que je courus sans scrupule l'embrasser, les larmes aux yeux ; voilà pour moi ce qui s'appelle une bien sensible consolation. Toute ma petite et innocente compagnie vous souhaite fort ici et moi plus que personne. Je vous embrasse de tout mon cœur, ma très-chère filleule.

DE FOIX DE CANDALE.

30 janvier 1701.

HUITIÈME LETTRE

A la même.

Tout ce qui me marque, ma très-chère filleule, que vous avez la pensée d'être encore longtemps sans venir au moins me donner quelques jours de consolation, afflige mon cœur au delà de tout ce que le vôtre peut s'imaginer. Les missionnaires capucins que nous avons ici, ont beau me prêcher la soumission aux ordres de la Providence, comme le demandent la justice et la raison, vous êtes cause, ma chère filleule, que je m'y résigne de la plus mauvaise grâce du monde. Pour tout le reste de mes chagrins, je m'y suis si fort endurcie, que j'en tire quelquefois sujet de rire et de me réjouir de la bizarrerie de mon sort. Je n'y espère point de changement. Je tâche de suivre ma route ordinaire, et de faire toujours ce que je crois devoir par obligation et par bienséance. Je n'ai guère plus à travailler pour me détacher tout à fait du monde. Il est bien des choses que je prends comme elles arrivent, sans m'en émouvoir. Cependant mes peines vont leur train ordinaire, et ont des redoublements assez fréquents. Dieu me fait la grâce de me si fort tranquilliser là-dessus, que je suis toute consolée lorsque j'ai dit à mon Dieu : « Vous le voulez ainsi, Seigneur, je le veux aussi. » Souvenez-vous, ma chère filleule, que quatre-

vingt-deux ans passés est de tous les maux celui qui va
le plus vite. Mon amour-propre, tout vif qu'il est, ne
m'empêche pas d'entrer dans toutes les raisons qui vous
retiennent, et de leur sacrifier toutes celles qui sont en
ma faveur. Quel que puisse être mon sort, je tâcherai de
le supporter sans offenser Dieu. J'avance beaucoup dans
l'indifférence pour la mort ou pour la vie; et j'aurais
bien mauvaise grâce de désirer de vivre. Il faudrait
douter de la miséricorde divine pour moi, pour regretter
une vie, dont tous les moments ont été traversés de mille
peines. Les plus rudes ont été les ingratitudes et les mé-
comptes en amitié. Mes empressements pour vous sont
un peu intéressés; mais devez-vous vous en plaindre,
puisqu'il est vrai que nous sommes assez malheureux
pour n'aimer pas Dieu lui-même sans mélange de nos
intérêts présents et futurs? Voilà, ma chère filleule, le
profit que je tire de ma solitude, la plus parfaite qui fut
jamais, de dire la vérité, et de tâcher de bien connaître
mon prochain. Quand viendrez-vous? Dieu en est le
maître, et vous, fort la maîtresse de mon cœur.

DE FOIX DE CANDALE.

15 avril 1701.

NEUVIÈME LETTRE

A la même.

Que votre lettre m'a fait de plaisir, ma chère filleule ! J'avais su de vos nouvelles par Mme la marquise de Belzunce ; mais je trouve une nouvelle consolation à en recevoir de vous-même, surtout dans l'assurance que vous me donnez que vous voulez bien que je finisse mes jours entre vos mains, si Dieu le veut ainsi. Je l'attends et l'espère de sa bonté. Au reste, mon cher abbé arriva samedi, fort changé; mais son cœur et son humeur sont toujours les mêmes. J'espère en tirer bien de la consolation, lorsque nous serons un peu tête à tête. Je suis ici entre deux convalescents, et je suis plus malade qu'eux. Il est vrai que ce n'est pas de corps, et par là même mon mal est plus dangereux et plus incurable. Mes peines sont en grand nombre; je n'y pense pas sans m'en épouvanter. Je crois que mon cher abbé en sera pénétré. Je m'attends bien qu'il me renverra à la Providence, qu'il faut adorer. Je le sais, je le sens vivement, et cependant je ne puis me fortifier tout à fait. Savez-vous bien que M *** est revenu de Paris noble comme le roi, catholique en apparence et par intérêt ? Je le flatte là-dessus, comme vous savez que je le sais faire. Qu'il y a longtemps, ma chère filleule, que nous ne vivons plus sous même ciel ni sous même toit ! Il m'en coûte bien des regrets, qu'il faut arrêter, puisqu'ils sont inutiles. Soyez fermement persuadée que je suis plus à vous qu'à moi-même.

DE FOIX DE CANDALE.

26 août 1701.

DIXIÈME LETTRE

A M. de Greti de Lavagnac.

Je vous laisse assez grand pour pouvoir connaître avec
quelle tendresse je vous ai élevé depuis que Dieu nous
a privés vous et moi de votre chère mère. Dieu et les
hommes sont témoins que j'ai fait de mon mieux pour
remplir sa place, vous élevant dans l'amour et la crainte
du Seigneur, et dans la dévotion à la très-sainte Vierge,
sous la protection de laquelle votre mère et moi nous
vous avons mis pour le temps et pour l'éternité. C'est à
vous, à présent que votre raison est formée, à travailler
à votre salut, en comparaison duquel vous le savez, et
ne l'oubliez pas, toutes les grandeurs et tous les biens
de ce monde ne sont rien. Ne manquez jamais, le matin
dès que vous serez éveillé, de donner votre cœur à Dieu, et
de lui demander la grâce de vous conduire, toute la journée, selon sa sainte volonté. N'oubliez pas de vous recommander aussi à la sainte Vierge par les prières que je
vous ai accoutumé à dire tous les jours pour implorer sa
protection. Priez particulièrement votre saint ange gardien, honorez tous les saints, et demandez surtout au
Saint-Esprit d'éclairer votre foi, de la fortifier et de vous
rendre prêt à endurer le martyre plutôt que de la trahir
ou de la déshonorer par le péché mortel ; soyez vérita-

blement charitable : souvenez-vous toujours qu'en faisant
l'aumône, vous ne donnez qu'un peu de bien qui vous
vient tout de la libéralité et de la bonté de Dieu. Obser-
vez ses commandements et ceux de l'Église le plus exactement qu'il vous sera possible. Ne faites jamais un sujet
de divertissement et de railleries des choses saintes et
sacrées, ce qui est indigne d'un honnête homme, même
selon le monde. Fréquentez les sacrements au moins les
quatre fêtes annuelles, les principales fêtes de la Vierge
et le jour de votre naissance. Ayez une véritable horreur
du mensonge et de l'ivrognerie, ce sont des vices honteux. Voilà, ce me semble, les principales obligations
d'un chrétien qui veut se sauver dans le monde et y avoir
la réputation d'un parfait honnête homme. Ajoutez-y,
pour le commerce du monde, un véritable éloignement
pour la fourberie et la trahison, avec les personnes qui
se confieront en vous; quand vous pourriez même par
là faire la fortune la plus brillante. Préférez toujours la
probité et l'honneur à tous les biens du monde. Vivez
bien avec tous ; évitez pour cela l'esprit de raillerie, de
médisance et de malice. Mais pour ce qui est du choix
d'un parfait ami, il est si rare dans notre siècle d'en
trouver qui ait toutes les qualités nécessaires, que je ne
saurais trop vous exhorter à marcher à pas de plomb,
pour le choix d'une telle conséquence, dans lequel votre
jugement doit plus agir que votre esprit. Éprouvez les
gens en bien des choses indifférentes, avant de vous
y confier pour des choses importantes. En un mot,
pour agir avec prudence on doit toujours être le seul
maître de son secret. De cette manière le changement

de nos amis ne nous surprend ni ne nous afflige, parce qu'il ne peut nous nuire. Pour les desseins de votre fortune, ne les communiquez jamais à ceux qui peuvent avoir les mêmes vues pour vous. Je voudrais pouvoir mettre dans votre cœur tous les sentiments d'un homme selon le cœur de Dieu pour le ciel et pour la terre. Soyez toujours reconnaissant de tous les services et bons offices qu'on vous rendra; regardez l'ingratitude comme un monstre. Je n'ai pas longtemps à vivre. M. de *** vous a promis de prendre soin de vous : honorez-le, obéissez-lui et l'aimez comme s'il était votre père. Si vous avez de l'amitié et de la reconnaissance pour moi, comme vous le devez, appliquez-vous à vos devoirs avec plus de zèle que vous n'avez fait pendant ma vie. Adieu. C'est de tout mon cœur et avec larmes que je demande à Dieu de vous combler de toutes ses grâces et bénédictions les plus précieuses, afin que j'aie la consolation de vous voir dans le ciel avec moi. Craignez, respectez et aimez votre père, et toujours souvenez-vous de moi avec amitié ; j'ai fait tout ce qu'il fallait pour vous y engager... Adieu, encore une fois : je vous embrasse de tout mon cœur.

De Foix de Candale.

ONZIÈME LETTRE.

Au même.

Mon cœur n'a que trop de penchant à vous pardonner vos fautes, et si elles me touchent, ce n'est que
pour le tort qu'elles vous font. Vous voilà hors du
chagrin que votre imprudence vous avait attiré; n'y re-
tournez de votre vie et attachez-vous à vos devoirs
comme vous le promettez. Si vous voulez me plaire, pre-
nez garde de tomber dans l'ingratitude. Vous avez des
obligations infinies à M. l'évêque de Tulles, qui ne reçoit
aucune de vos nouvelles. Vous ne pouvez lui marquer
votre reconnaissance que par le soin de vous maintenir
dans l'honneur de son souvenir. Ne vous laissez pas aller
à une paresse d'esprit pour l'écriture, qui n'est du goût
de personne. Le seul moyen de conserver ses amis et de
s'acquitter de ses devoirs envers ses parents, c'est de
leur écrire régulièrement. Ecrivez tantôt à l'un et tantôt
à l'autre; ce n'est que la quantité de lettres à la fois qui
peut embarrasser. Quand on sait bien ménager son
temps, on s'acquitte aisément de tous ses devoirs. Met-
tez-vous bien dans l'esprit que personne ne vous dit
rien, et que si vous voulez qu'on ait pour vous de l'estime et de l'amitié, il faut le mériter par vos empressements et votre obligeance. Si vous lisiez tous les jours,

comme je vous l'ai conseillé, un chapitre des Conseils de
la sagesse, vous y verriez que la principale affaire,
c'est le salut; vous y verriez ensuite comment on doit
conserver ses anciens amis, en faire de nouveaux, et le
choix qu'il en faut faire. Ne vous dérangez pas dans les
pratiques de dévotion que je vous ai fait prendre. Le
plus grand déplaisir que je puisse recevoir serait d'apprendre que vous n'avez plus la même confiance et le
même amour pour la sainte Vierge. Vous ne prospérerez
pas si vous abandonnez son service. Ceux qui y sont
attachés ne périront jamais. Mais souvenez-vous qu'il y
a une liaison inséparable entre la mère et le fils, et que,
pour aimer et servir Marie, il faut aimer et craindre Jésus. Vous avez de la vanité dans des bagatelles, faites-la
changer d'objet et qu'elle consiste à vous faire distinguer
par votre vertu et votre mérite. Travaillez-y, si vous
voulez que je vous aime toujours avec tendresse et que
je continue à pourvoir à vos besoins. Souvenez-vous que
chacun veut du retour en amitié.

De Foix de Candale.

18 octobre 1702.

DOUZIÈME LETTRE.

Au même.

Voici une lettre qui vous sera rendue en mains propres. Je ne vous oublie pas, et je suis persuadée que votre cœur n'est pas d'une trempe assez dure pour m'oublier facilement et n'être pas touché de tout ce que j'ai fait pour vous. Je demande tous les jours à Dieu que ce souvenir vous excite davantage à travailler à vous rendre aussi parfait honnête homme que je le désire. J'ai tâché de vous en donner les principes. Soyez fidèle à tout ce que vous devez à Dieu, après lequel toute votre confiance doit être dans la sainte Vierge. C'est une bonne mère, je l'expérimente tous les jours. N'en passez aucun sans lui adresser les prières que vous avez adoptées en son honneur. Je vous l'ordonne de tout le pouvoir que j'ai sur vous, et de ne pas oublier toutes les obligations que vous avez à votre ange gardien ; priez-le au commencement de vos actions et surtout en montant à cheval, et faites le signe de la croix en vous recommandant à Dieu. Faites-le avec foi, intérieurement si vous voulez, sans qu'on s'en aperçoive, et prenez-en la sainte habitude. Après tout, il n'y a de honte que dans le mal, et le culte de Dieu est toujours ce qu'il y a de plus glorieux. Les libertins eux-mêmes sont forcés d'estimer ceux qui y sont hautement fidèles. Assistez à la messe le plus souvent et le plus saintement que vous pourrez. Ayez toujours le mensonge en horreur, surtout quand il attaque l'honneur du prochain. Il n'y a pas de mensonges indifférents, et ils donnent toujours, quels qu'ils soient, une mauvaise réputation à celui qui s'y livre avec esprit. N'oubliez pas tout ce que je vous ai dit à ce sujet. Vous voyez bien que je pense souvent aux funestes habitudes que je crains que le mauvais exemple ne vous fasse contracter. Ne suivez pas celui des hommes qui empruntent aisément et qui n'ont pas la même facilité à rendre ce qu'on leur a prêté. Passez-vous des choses même nécessaires, plutôt que de vous rendre à charge en empruntant. Ne demandez jamais rien ; qu'on ne s'aperçoive pas que vous désirez les choses qu'on vous montre. Souvenez-vous de payer aux pauvres la dîme de tout votre argent, c'est le moyen d'acquérir du bien au lieu de s'appauvrir. Faites l'aumône dans la seule vue d'obéir et de plaire à Dieu, comme il nous le recommande si fortement. Je vous dis les choses à mesure qu'elles me viennent dans l'esprit, sans ordre et sans règle. Comme moi, mettez toute votre confiance en Dieu et dans notre sainte Mère. Quand on ne confie aux autres rien qui puisse nuire, on ne craint point l'infidélité des amis, qui est si commune dans le monde. N'en faites aucun qui n'ait de la naissance et du mérite. Ayez une honnêteté générale pour tous, avec la distinction que doit faire un homme d'esprit. Évitez les jeux de mains et les railleries piquantes qui peuvent avoir des suites. Ne négligez point votre latin, qui est mon favori, comme vous savez, quoique je ne le connaisse pas, à mon grand regret ; il est nécessaire à un homme qui veut se pousser dans le service. N'oubliez pas vos petites dévotions; le jour est si long, et une élévation de cœur vers le Seigneur est si tôt faite ! Quand vous ne diriez que quelquefois dans la journée : « Mon Dieu, conduisez-moi selon votre sainte volonté, conservez-moi dans votre grâce. » Et à la sainte Vierge : « Ma bonne Maîtresse, protégez-moi auprès de Dieu. Ayez soin de mon salut et de ma fortune. » Je ne vous en recommande pas davantage, et cependant ce n'est rien qui puisse embarrasser. Recommandez-vous souvent à votre ange gardien, surtout lorsque vous courez quelque risque. Si je pouvais vous former selon mon cœur, vous seriez sûrement selon le cœur de Dieu et de notre bonne Mère et Maîtresse. Donnez-vous de garde de prendre certaines façons libertines et impies qui sont à la mode aujourd'hui parmi les jeunes gens, dont le détestable ton est de se moquer de la piété et des pratiques particulières en l'honneur de la sainte Vierge. Après Dieu, elle doit être votre refuge et votre ressource. J'éprouve tous les jours combien elle est bonne mère et une puissante protectrice ! J'ai un plaisir infini de savoir que M. de Rédément est homme de bien et religieux ; il aura soin que vous le soyez.

Toute à vous,

DE FOIX DE CANDALE.

28 mai 1703.

TREIZIÈME LETTRE.

Au Révérend Père du Camp, religieux minime.

Il faut, mon bon et cher Père, vous féliciter de votre
heureuse arrivée dans le beau pays du Languedoc, où le
doux commerce que vous allez avoir de nouveau avec vos
bons amis, vous sera sans doute plus agréable que jamais.
Dieu vous conserve dans ces innocents plaisirs jusqu'à
l'âge de quatre-vingt-dix ans. Pour moi, j'attends impa-
tiemment la fin de mes longues souffrances, et je crains
en cela de ne pas plaire à Dieu, qui veut que je souffre
pour l'expiation de mes péchés... Au reste, notre solitude
a été honorée depuis peu d'une agréable visite. Si j'en
avais le temps, je vous parlerais en particulier de chacune des personnes qui me l'ont rendue. Mais Mme de
Ponchac étant une de vos meilleures amies, vous serez
plus content que je vous parle de sa nièce. Vous nommer
Mlle de Barrière, c'est vous dire en abrégé l'assemblage
de tous les agréments du corps et de l'esprit que puisse
avoir une fille de qualité. Pendant le séjour de ces dames
à Montpont, je n'étudiai qu'elle. Je fus charmée de ses
manières et de sa conversation. Je découvris en elle une
véritable grandeur d'âme, un cœur pénétré de l'amour
et de la crainte de Dieu, et surtout un esprit de piété, de
zèle et de ferveur que le Saint-Esprit inspire. Hélas ! je

ne lui en demanderais que le tiers, pour rendre entièrement soumises à la divine Providence les réflexions continuelles que je fais sur ce qui se passe dans le monde. Bonjour, mon cher Père, je serai jusqu'au dernier soupir à vous.

DE FOIX DE CANDALE.

QUATORZIÈME LETTRE

Au même.

Je vous envoie les Paraphrases de Job; vous en ferez plus de profit que moi, qui raisonne fort humainement sur sa patience. Ce saint homme était soutenu des grâces de celui qui lui envoyait tous ses malheurs pour l'éprouver. Qu'il est aisé, mon bon et cher Père, lorsqu'on se sent un tel appui, d'appeler tous les malheurs pour augmenter sa victoire! Il faut bien que le Seigneur vous donne de pareilles grâces, pour souffrir vos continuelles douleurs avec cet esprit de tranquillité qui paraît dans tout ce que vous écrivez. Pour moi, je ne me sens que la force de l'amour-propre, qui ne soutient pas dans les afflictions, et qui fait que, dans mes examens, je ne me trouve pas plus coupable que le reste du monde, quoique je sois plus rudement éprouvée et punie du côté de mes amis du ciel et de la terre. Pour ceux du ciel, je leur fais mes plaintes avec ma sincérité ordinaire, leur avouant que d'après leur changement à mon égard, je cesserais de les prier, si je ne craignais d'offenser Dieu, qui veut qu'on les honore. Le bon saint Clair est de ce nombre; je lui ai fait faire de nouvelles offrandes, et mes pauvres yeux n'en sont pas en meilleur état. N'y a-t-il pas là de quoi chagriner un cœur sensible? Voilà, mon bon Père, un petit divertissement que je vous donne : si nous étions tête à tête, je le pousserais plus loin. Mme la marquise de Ponthac et M. son mari me font trop d'honneur. Ce que vous me mandez de leur projet de faire un voyage dans cette province et de me mettre du nombre de leurs visites, m'a fait dire avec un triste soupir : « Il n'est plus temps : tout s'est dissipé avec la jeunesse, et quatre-vingt-sept ans ne sont plus qu'un objet de charitable compassion. » Encore, mon bon Père, serais-je très-heureuse si je trouvais cette charité chrétienne bien sincère pour moi ! Le Seigneur veut que je finisse mes tristes jours dans de rudes épreuves ; mais s'il m'afflige d'un côté, il me soutient de l'autre, et me fait la grâce de conserver assez de pénétration pour n'être pas la dupe de mon prochain, et surtout des faux amis. Tout passe, mon cher Père, et je puis dire que tout est passé pour moi.

DE FOIX DE CANDALE.

1705.

QUINZIÈME LETTRE

Au même.

Depuis votre départ, mon bon Père, mon esprit n'a été occupé qu'à réfléchir sur l'inégalité du cœur de l'homme et sur l'avantage qu'il y aurait pour lui à se soumettre à la Providence, sans faire choix de son sort. Je crois que le père *** sera de ce nombre. Il s'en va à Bordéaux, très-satisfait de se voir le directeur de toute une communauté de religieuses. Il aime beaucoup ce divertissement spirituel, et il en est assurément très-capable. Vous serez surpris d'apprendre la mort de Mme de la Doire; malgré sa jeunesse, huit jours de maladie ont fini sa vie. Elle est morte en prédestinée; Dieu veuille, s'il lui plaît, me traiter de même. Je ne pense plus qu'à la mort et à m'y préparer par la lecture. J'ai besoin d'un secours extraordinaire, et je le demande de mon mieux. Fortifiez mes faibles prières par les vôtres, je vous en supplie, mon bon Père. J'espère obéir de bonne grâce, quand il plaira à Dieu que je termine une très-longue et malheureuse vie. Il y aurait de la folie à souhaiter vivre dans l'état et à l'âge où je suis. Le Seigneur, comme vous le savez, m'a visitée il y a quelque mois, par une grêle qui m'a tout emporté. Je suis entièrement ruinée, sans en témoigner la moindre affliction. On ne m'a jamais entendu dire une seule parole à ce sujet, si ce n'est que je trouvais les pauvres gens plus à plaindre que moi. Je puis cependant vous assurer que mes affaires en sont entièrement dérangées. Donnez-moi de vos nouvelles, au moins tous les quinze jours; je vous ferai donner des miennes lorsque je ne pourrai vous écrire. Mon esprit succombe sous le poids de ses chagrins; le vôtre est toujours le même. Eh! mon Dieu, que c'est un grand bonheur, quand il ne suit pas le cours de nos années! Je serai toujours pour vous la même.

DE FOIX DE CANDALE.

5 octobre 1705.

SEIZIÈME LETTRE

Au même.

Sachez, mon bon Père, que c'est profaner le mot de
santé de s'en servir pour moi. Il faut dire qu'on prend
part à l'augmentation ou à la diminution de mes maux ;
pour parler correctement, il ne faut pas même faire d'i-
nutiles souhaits, la santé ne pouvant s'associer avec
quatre-vingt-huit ans tristement commencés. J'avoue que
Mme de Puinormand me trouva dans un état digne de
compassion ; mais le plaisir que j'ai toujours à la voir,
elle qui est si pleine de grâce et d'obligeance pour moi,
me donna des forces. Je fus très-sensible à l'honneur
qu'elle me fit de m'amener Mme sa nièce, et je fis de mon
mieux pour l'en assurer. Elle est d'une figure et d'un caractère d'esprit à se faire estimer et aimer de toutes les
personnes raisonnables. Je la regarde comme élève de
Mme de Puinormand. Je sais que madame sa mère a beaucoup de mérite et d'esprit ; mais il faut avouer, mon bon
Père, qu'il y en a peu du tour de celui de Mme de Puinormand, surtout dans la province. J'avais une inclina-
tion naturelle à en faire la confidente de mon cœur ;
mais ses visites ont toujours été accompagnées de compliments et de cérémonies qui ne sont nullement propres
à me faire agir avec familiarité et franchise. Je crois bien

que nous avons perdu toutes deux, dans cette contrainte,
quelques moments d'une innocente joie. Le temps est
passé, et je ne suis l'objet que de visites de charité. Vous
savez comment se sont passées pour moi les fêtes de
Pâques, les dernières que je verrai, et comment m'a
traitée un génie aussi brusque que petit. C'est une affaire
de tête-à-tête; je vous avoue que la mienne en a été
bien échauffée, et que peu s'en est fallu que je n'aie été
brusque moi-même. L'absence du père Archange m'a
attiré ce chagrin. Celui à qui je m'adressais ne pouvait
ignorer mes sentiments; il savait que je ne veux de mal
à personne, et que Dieu me fait la grâce de prier pour
mes ennemis déclarés avec autant de zèle que pour moi-
même. C'est au sujet de ***, dont vous savez le procédé
injurieux et outrageant, à qui j'ai cependant pardonné,
et à qui j'ai permis jusqu'à trois fois de me voir, malgré
toutes les répugnances de l'amour-propre. Il a toujours
cessé le premier de me voir, par quelque nouvelle injure.
Je n'ai jamais cherché l'occasion de m'en venger. Il y a
très-peu de temps que ses malversations dans la charge
d'huissier m'en fournissaient de le perdre absolument.
Bien loin d'agir contre lui, il vit ici en paix. Sa mère, sa
femme et ses enfants sont bien reçus chez moi; je leur
rends tous les services que je peux. Il a voulu faire assas-
siner mon maître d'hôtel, j'ai tout pardonné. J'ai expli-
qué mes sentiments à des personnes habiles et à M. de
Camgrand, mon directeur, et tous ont été d'avis que je
ne devais plus le voir, pour le punir. J'ai eu la consolation de voir M. l'évêque d'Agen, qui est allé à Saintes.
Dieu l'a envoyé ici pour calmer les troubles qu'on voulait

exciter dans ma conscience ; car le Seigneur m'a fait la grâce de le craindre, et de vouloir faire mon salut à quelque prix que ce soit. J'ai consulté avec confiance ce saint prélat, et lui ai tout dit, pour savoir si j'avais offensé Dieu. Il n'a pas approuvé la conduite de l'ecclésiastique, et a entièrement fait cesser mes peines de conscience. Mon évêque en a écrit d'une manière bien consolante pour moi, mais fâcheuse pour le confesseur à qui il a ordonné de me demander excuse, et d'aller ensuite le trouver. J'ai parlé depuis à ce monsieur peut-être avec trop de feu, mais pourtant avec modération et sans sortir du respect dû à sa couronne. Vous aurez de la peine, je le crains, à lire cette longue lettre ; tirez-en le parti que vous pourrez, et concluez que je finis ma vie comme j'en ai passé les plus beaux jours, dans les peines et les chagrins. Mais connaissant plus que jamais la visible protection de la divine miséricorde sur moi, ma vieille tête, qui a eu tant d'occasions de tourner, est toujours ferme. J'en suis aussi redevable à mon aimable Maîtresse, qui est mon tout après Dieu. Le temps de ma fin approche, mon bon Père ; priez donc plus que jamais mon adorable Maître et sa sainte Mère, afin que je meure de la mort des justes. Toujours la même pour vous.

De Foix de Candale.

18 avril 1706.

DIX-SEPTIÈME LETTRE

A M. l'abbé de Belzunce.

Tout me paraîtrait, dans votre lettre, obligeant et agréable, mon très-cher neveu, si vous en aviez retranché ce grand mot de *mademoiselle* en tête. Je vous avais demandé par amitié d'y substituer celui de *chère tante*, et je m'attendais que toute cérémonie et pur compliment serait retranché parmi nous. Soyez persuadé, mon cher neveu, que c'est de l'intime de mon cœur que je vous aime, et je trouve que votre humeur sympathise en bien des choses avec la mienne. Après cela vous ne devez pas douter que je ne vous donnasse avec plaisir mon portrait si j'en avais. Je n'ai plus que celui qui est dans ma chambre et appartenant à M. l'abbé de Camgrand, qui me le laisse pour me consoler. Lorsque je me suis regardée au miroir, où je ne vois que décrépitude, je lève les yeux sur mon portrait, et je dis qu'il faut que tout cède au temps. Voilà, mon cher abbé, comme je me console sur les divers états de ma vie. Je voudrais bien qu'elle durât jusqu'à Noël, afin d'entendre votre messe. J'en aurais doublement de la joie, si je pouvais vous faire connaître le sincère attachement que j'ai pour vous, comme vous m'avez persuadée de votre tendresse pour moi. Travaillez à bien rétablir votre santé; je voudrais que l'air de Montpont pût y contribuer ; quelle joie pour moi d'y voir votre maigreur se changer en un véritable embonpoint ! Mais n'en déplaise à votre petit collet, vous connaissez mal mon cœur pour vous, de me tant remercier de la Notre-Dame que ma chère Germaine vous a donnée de ma part. C'est notre bonne Mère et Maîtresse ; sans cela ce serait faire trop de cas des faibles marques de mon amitié. Si la faiblesse de ma main ne montait à ma tête, je vous dirais tout le plaisir que j'ai de recevoir des témoignages de la vôtre. Toute à vous, mon cher neveu, sans compliment et sans cérémonie. Si vous m'aimez, vous en serez de même ; ou bien avec un grand *monsieur*, je prendrai le parti du sérieux compliment.

De Foix de Candale.

12 juillet 1703.

DIX-HUITIÈME LETTRE

Au même.

Je lis si parfaitement dans votre lettre, mon cher neveu, l'honneur que vous me faites de m'aimer sircèrement, qu'elle a touché tendrement mon cœur, et les larmes de charité et de générosité dont vous avez honoré la mort de M. de Férachapt, me confirment que votre bon cœur pour moi ne peut être surpassé. C'est une bien douce consolation pour moi. Je vous avoue, mon cher neveu, que je suis accablée de douleur : mais c'est par la grâce de Dieu, avec une entière soumission à sa volonté. Tous les raisonnements d'intérêt qui, dans cette triste occasion, se présentent en foule à mon esprit, peuvent bien l'émouvoir, mais disparaissent lorsque je réponds à mon cœur : c'est le Seigneur qui l'a ainsi voulu. Souvenez-vous, mon très-cher neveu, de demander à Dieu que la fin de mes jours soit entre les bras de son entière miséricorde. Je voudrais bien vous entretenir plus au long et avec plus d'ouverture de cœur; mais il faut attendre ce plaisir et le remettre au moment où vous serez ici ; différez-le le moins possible. Souvenez-vous pour cela qu'il ne faut pas compter sur l'apparente santé d'une vieille de quatre-vingt-cinq ans. Je suis, mon cher neveu, d'un tendre cœur de mère, toute à vous,

DE FOIX DE CANDALE.

Décembre 1703.

DIX-NEUVIÈME LETTRE

Au même.

Il faut donc que je prenne un air d'autorité qui convient à mon âge vénérable, et que je commence ma lettre en vous grondant. Vous recommencez vos cérémonies accoutumées dans vos lettres. J'en suis sérieusement scandalisée, ne croyant pas qu'elles puissent subsister avec la tendresse que j'attends de vous, et qui doit répondre à celle que j'ai pour vous. Je vous proteste donc que je brûlerai, sans les lire, les lettres que vous m'écrirez en cérémonie. Il serait bien temps que vous revinssiez voir ma solitude : vous avez pleinement satisfait à vos devoirs. Mme de Caumont, n'écoutant que son bon et tendre cœur pour moi, a envoyé ici un exprès pour savoir de mes nouvelles. Elle m'écrit de la manière tendre et obligeante qu'elle a pour ce qu'elle aime. Le bien que l'on dit de M*** ne me surprend point; c'est en effet le meilleur cœur que l'on verra jamais; mais hélas ! il n'est pas né sous une étoile fixe; c'est un grand dommage. On le dit peu sincère; s'il en est ainsi, c'est de bonne foi qu'il manque de sincérité. Dès qu'il a dit une chose, il est persuadé qu'elle est véritable; et ainsi quoi qu'il assure souvent les mêmes faussetés, il ne ment que la première fois qu'il les dit. Ma main est trop faible pour continuer une matière qui nous mènerait loin. Je suis plus à vous qu'à moi-même.

De Foix de Candale.

5 juin 1704.

VINGTIÈME LETTRE

Au même.

Il n'y a personne au monde qui puisse mieux vous assurer qu'il est vrai, mon cher neveu, que c'est une cruelle peine de ne pouvoir faire sa volonté. J'ai toujours vécu dans la contrainte, tantôt par de bonnes raisons, et quelquefois par des complaisances, toujours suivies de repentir. Non que j'aie jamais rien déguisé de ce que je pense : rien n'est moins de mon goût que la dissimulation de mes sentiments, parce que je tâche de n'en avoir pas d'injustes. La crainte d'être obligée de dissimuler a souvent arrêté des compliments que je devais. Je ne manquerai pas de sincérité, mon cher neveu, en vous disant que, depuis notre longue séparation, il ne s'est passé que peu de jours où je n'aie parlé de mon chagrin de ne pas vous revoir ; mais les raisons de votre retard me font un vrai plaisir, et je remercie Dieu de me faire entrevoir l'effet de ma prédiction sur vous. Vous m'avez fait un récit charmant de ce qui s'est passé dans votre voyage ; nous en avons bien ri, ma filleule et moi. Je plains comme vous Mlle de Biron, la plus aimable petite fille qu'on pût voir. J'avais toujours bien cru qu'elle ne vivrait pas de fort longues années. Elle avait l'esprit plus éclairé et plus pénétrant qu'il n'est d'ordinaire à cet âge. Connaissant, comme je le fais, le cœur de Mme de Saintes, je la crois abîmée de douleur. Votre chère sœur a, dit-on, signalé sa tendresse et sa complaisance pour cette petite cousine. J'espère donc, qu'au moins au commencement de l'hiver, je vous tiendrai au coin de mon feu où nous nous entretiendrons à cœur ouvert de bien des choses. Nous vous consulterons sur des cas de conscience bien délicats. Le cœur me dit que ce sera avec une joie entière pour ce qui regarde le marquis et le chevalier de Castelmoron. Je réponds, comme vous le voyez, aux articles de votre lettre, et finis par ce qui me fait le plus de plaisir. Les manières de Mgr l'évêque d'Agen, également obligeantes et prévenantes pour vous, augmentent bien le penchant que le bruit public m'avait déjà donné, à le mettre au nombre assez petit d'évêques que mon cœur a choisis, pour les honorer avec une tendre distinction. Vous voilà donc grand vicaire d'Agen, mon cher neveu, sans avoir recherché cet honneur ; c'est justement ce que je désirais. Je souhaite fort que Sainte-Foi vous appelle souvent. Vous pourrez terminer fort commodément à Montpont les affaires de ce pays. Je suis sûre que lorsque l'évêque saura la caducité de mon âge, il approuvera fort votre séjour ici, et que votre réputation n'en souffrira pas. On vient de m'assurer que le régiment de votre frère n'était pas de cette dernière affaire de Bavière ; mais il faut le savoir plus certainement, pour respirer sans crainte pour vos chers frères. Mon Dieu, mon cher neveu, que c'est une cruelle peine d'aimer véritablement ! Et qu'il me tarde de vous embrasser aussi tendrement que je vous aime !

De Foix de Candale.

4 septembre 1704.

VINGT ET UNIÈME LETTE

Au même.

Qu'il est doux, mon très-aimé neveu, de recevoir un sincère retour de ce que nous aimons aussi tendrement que je vous aime! Votre lettre a touché si vivement mon cœur, qu'elle a renouvelé ma passion de vous voir; mais, voyant que cela ne se peut, je fais céder mon plaisir à votre intérêt ; je me console de vous savoir content et heureux auprès de votre illustre et saint prélat. Tout ce que vous m'en dites, me donne pour lui une estime qui passerait bientôt jusqu'à la véritable amitié; car le fondement d'une vraie amitié est dans une solide estime. Ce n'est pas que, selon moi, on puisse estimer beaucoup sans aimer; mais je ne tombe pas d'accord qu'on puisse aimer ce qu'on n'estime pas. Concluez de tout ce petit raisonnement qu'ayant tous ces sentiments pour vous, mon amitié est tendre et solide, et le sera pour vous jusqu'à mon dernier moment.

DE FOIX DE CANDALE.

3 février 1705.

VINGT-DEUXIÈME LETTRE

Au même.

Le jour vous dit assez, mon cher grand vicaire, que je n'aurai pas le temps de vous entretenir autant que je le souhaiterais ; car il faut, par bienséance et pour ne pas se distinguer, satisfaire à la ridicule coutume de se réjouir sans envie, et d'assembler pour cela du monde chez soi. Je vous assure, mon cher abbé, que je tiens très-mal ma partie : on ne peut pas moins rire que je le fais. La jeunesse que j'ai autour de moi s'en acquitte à merveille. Je dois vous assurer que je n'ai jamais reçu de vous de lettres si agréables. Elles touchent mon cœur, lorsque j'y vois ce nom de *tante,* qui réveille, ce me semble, tous les sentiments du cœur ; le mien ne peut pas être plus tendre pour vous, mon cher neveu, ni plus touché de ce que vous me dites de Mgr l'évêque d'Agen ; car il est à présent le grand évêque de mon cœur, par bien des raisons, et par l'amitié qu'il a pour vous. La communauté de Saintes est bien heureuse qu'il ait voulu accepter l'emploi de visiteur. Mes tristes yeux et ma vieille main m'obligent de finir. Tout à vous, le cher neveu de mon cœur.

DE FOIX DE CANDALE.

Mardi gras 1703.

VINGT-TROISIÈME LETTRE

Au même.

Je crois vous faire autant de plaisir que j'en peux ressentir moi-même, à vous dire, mon cher grand vicaire, que je fis samedi, en très-bonne santé, le grand pas de quatre-vingt-six à quatre-vingt-sept, dans la plus nombreuse compagnie qui ait jamais été en pareil jour. Il commença fort saintement par vingt-deux messes, et j'eus bien dans l'esprit que j'aurai bonne part à celle que vous disiez ce jour-là, et que peut-être vous auriez même pris la liberté de me recommander au *memento* de votre saint évêque, pour lequel j'ai une estime inconcevable, puisque je n'ai l'honneur de le connaître que par la plus grande et la plus universelle réputation qu'un prélat puisse avoir; cela est touchant pour moi ; mais l'amitié dont il vous honore ne diminue en rien mes sentiments pour lui. La chère Mme de Caumont a fait tout l'honneur de ma fête, et nous a fait commencer la sainte quarantaine un peu trop délicieusement; j'espère l'achever à mon ordinaire, avec le secours de mes chères amies les grenouilles. Il me tarde bien, mon cher abbé, de pouvoir vous voir en particulier. Le séjour de M. d'Agen et de M. son frère à Bordeaux, m'avait fait espérer que j'aurais ce plaisir, quand ce n'eût été que

vingt-quatre heures; elles m'auraient réjouie et fortifiée
pour le reste du carême, qui est plus que jamais mon
bon ami; je ne le crains que pour vous. Nous aurions
parlé de bien des choses qui n'auraient pas été incompa-
tibles avec le fruit de la mission que nous avons à demi-
lieue d'ici. C'est M. l'abbé de Chancelande qui fait la
mission avec quatre de ses messieurs qui sont habiles
prédicateurs. J'ai été deux fois, pour l'édification, et j'y
irai, s'il plaît à Dieu, pour participer aux indulgences.
Mes yeux me mortifient toujours, et pleurent souvent mal
à propos lorsque je veux rire. J'ai eu ici, depuis peu,
M. de ***. Il a l'esprit insinuant et agréable; mais il est
du reste de la plus triste figure que vous puissiez vous
imaginer. La goutte a achevé ce que la nature avait si
bien commencé en lui. Je ne suis pas surprise que l'air
modeste et dévot de Mme de Caumont ait plu à votre
évêque : les âmes prédestinées ont quelque penchant
les unes pour les autres. Je voudrais bien que celui
que j'ai pour lui fût un heureux préjugé pour moi;
l'amitié qu'il vous témoigne, et dont je lui ai une véritable obligation, m'y engage. Voilà un compliment sincère et *gracieux;* ce mot est à la mode; je m'en sers pour
la première fois de ma vie en votre faveur. Sans autre
compliment; car je ne les aime ni ne les sais faire;
toute à vous, mon cher neveu,

DE FOIX DE CANDALE.

11 mars 1705.

VINGT-QUATRIÈME LETTRE

Au même.

Que mon cœur sait bon gré à la tendresse du vôtre, mon cher neveu, pour tous les sentiments que vous m'exprimez si bien et si obligeamment dans votre lettre ! Je n'ai pas voulu que vous sussiez le désordre considérable de ma santé, parce que vous en auriez été trop affligé. Je l'ai caché aussi à Born, où j'aurais causé de l'inquiétude à ma chère Germaine et à monsieur son mari. Mais en vérité, mon cher neveu, mon cœur tient pour le vôtre, le croyant beaucoup plus tendre pour moi que celui de tout autre, et je suis sûre de lui rendre justice. J'ai trouvé enfin dans vous tout ce que j'avais inutilement cherché, pendant ma longue vie, je veux dire un parent dont l'humeur, le caractère d'esprit et la profession me conviennent, et à qui je puis ouvrir entièrement et avec confiance mon cœur. On me mande que Mme l'abbesse du Roncerai est très-mal et qu'il n'y a guère d'espérance qu'elle en revienne. Je souhaite fort cette abbaye pour Mme de Caumont. Je ne puis m'empêcher de regarder cet endroit avec envie pour elle, et le cœur me dit qu'elle pourra bien y être placée. Je crois qu'on n'a pas besoin pour cela d'exhortation à Paris ; j'y écrirai cependant de manière à y réveiller le sang endormi. Ce n'est pas, mon cher grand vicaire, que je ne m'aperçoive que mon âge glace tous les cœurs pour moi ; il n'y a guère que le vôtre, dont le tendre empressement me touche et me dédommage de toutes les indifférences, qui autrefois m'auraient fait du chagrin. Pourvu que les gens de la cour n'oublient pas leur salut, on doit être content. Pour ce qui est de M. le duc de ***, je crois pouvoir lui donner place dans mes courtes litanies d'amis ; il me témoigne toujours beaucoup de tendresse dans ses lettres. Vous en avez écrit une au père ***, qui nous a bien réjouis. Ce Père en est transporté de joie ; je crois qu'il va la mettre entre deux vitres, pour la lire souvent sans la gâter. Vous étiez sûrement dans votre belle humeur, lorsque vous l'avez écrite. On se sait bon gré de vous avoir mandé cette aventure. Adieu, mon cher neveu ; soyez bien persuadé que mon amitié pour vous est des plus tendres et des plus sincères. Je suis convaincue que vous m'aimez ; on n'a qu'à bien me le persuader, comme vous l'avez fait, pour être assuré d'un retour très-véritable et invariable ; comptez là-dessus, le cher neveu de mon cœur.

DE FOIX DE CANDALE.

14 avril 1705.

VINGT-CINQUIÈME LETTRE

Au même.

De tous les paquets qu'on me porte de la poste, mon cœur sait démêler le vôtre et en ressent un nouveau plaisir. Je suis bien aise que vous soyiez à la fin des saintes fatigues des visites. Je ne suis pas surprise que M. d'Agen en ait rapporté la fièvre. Il pousse trop loin son zèle. Il n'y a pas d'évêque qui se donne la terrible peine de prêcher partout, et surtout de confesser toute sorte de personnes ; il doit se ménager davantage. Dites-lui que vous avez une vieille tante de quatre-vingt-sept ans, qui a toujours fait profession de dire tout ce qu'elle pense, et qui dit sans façon qu'il en fait trop, et qu'il doit épargner une santé qui, étant plus à son diocèse qu'à lui-même, ne peut être exposée qu'avec le consentement de tout un peuple qui s'y oppose avec raison. Il faut bien, mon cher neveu, vous dire un peu de mes nouvelles. Si je pouvais me promettre de la durée dans l'état où je suis, je devrais être contente de mes vieux jours. J'ai pris ce mois-ci du lait d'ânesse, qui a été pour moi une vraie fontaine de Jouvence ; il m'a toute rajeunie, mais non pour longtemps ; il faut bien finir ; ce sera quand il plaira à Dieu ; aussi bien ne suis-je plus bonne à rien. Il y a plus d'une personne à Montpont,

que mon autorité retient dans le devoir et empêche de
s'élever plus qu'il ne faut, qui trouve peut-être mon
temps un peu long. Je ne compte sur la reconnaissance
de personne. C'est une vertu qui n'est plus connue que
de nom. Je crois que j'aurai ici, après les fêtes, ma très-
chère Germaine. Vous croyez peut-être que je vais vous
dire que je suis bien fâchée que vous ne soyez pas de la
troupe; pardonnez-moi, s'il vous plaît, Monsieur, je ne
vous y souhaite point du tout. J'aime d'être en pleine liberté avec vous, et pour que notre innocente joie soit
entière, il faut être tête à tête. Mais je me défie de ma
santé de quatre-vingt-sept ans! Venez donc incessamment. Adieu, mon très-cher neveu; j'ai mille affaires et
autant de lettres à écrire. Je vous embrasse mille fois de
tout mon cœur.

DE FOIX DE CANDALE.

26 mars 1705.

VINGT-SIXIÈME LETTRE

Au même.

Il n'est pas de chaleur étouffante qui puisse m'empêcher de vous dire moi-même des nouvelles de ma misérable santé; elles ne sont pas telles que votre bon cœur les désirerait; mais il faut, mon cher neveu, vous accoutumer à la pensée de ce qu'on doit attendre d'une personne de mon âge. Laissons tout ce qui me regarde entre les mains de Dieu, sans nous en inquiéter. Il m'a toujours soutenue avec tant de bonté, que j'ose me promettre une fin, qui sera le comble de ma miséricorde. J'espère avoir, avant ce temps-là, la joie de vous voir, et d'avoir avec vous des conversations qui marqueront encore un peu de vie et de vigueur. Je suis toujours zélée pour la perfection de M. de ***, et j'y veux travailler à ma façon et de mon mieux. Il n'y a pas une meilleure âme, plus honnête et plus obligeante; si ses bonnes qualités étaient fixes, il se ferait adorer dans son voisinage; mais, hélas! le changement est si fréquent chez lui, que toutes ces bonnes qualités ne touchent personne, parce qu'on est assuré que tout cela ne peut durer. Il n'y a, dit-on, qu'une seule chose où il paraisse constant, c'est qu'il respecte si fort la vérité, qu'il n'ose presque s'en servir, et ce qu'il substitue à sa place entre si fort dans son

esprit, que de très-bonne foi il le croit, et veut le persuader aux autres. Cela m'afflige beaucoup, croyant son
salut en danger, et je suis bonne et tendre amie : je voudrais trouver dans le ciel, où j'espère que Dieu, oubliant
mes péchés, voudra bien m'admettre, tout ce que j'ai
perdu de parents et d'amis, et y voir venir tous ceux que
je vais bientôt laisser sur la terre. Quand vous serez ici,
nous dirons bien des choses. La fine poésie de *** nous
fournira d'assez agréables matières qui ne nous oblige-
ront pas à confession.

De Foix de Candale.

7 juillet 1705.

VINGT-SEPTIÈME LETTRE

Au même.

Tout mon pauvre bon sens s'est fondu dans ces excessives chaleurs ; il vient de s'écouler en écrivant de longues lettres à Paris, d'où l'on ne me dit rien du cher marquis de Castelmoron. Venez en attendre ici des nouvelles, et vous rétablirez, mon cher neveu, la joie dans mon cœur et le bon sens dans ma tête. Je vous écris aux bougies, clarté fatale à mes pauvres yeux. Bonsoir, mon cher neveu, je vous embrasse de tout mon cœur.

DE FOIX DE CANDALE.

4 août 1705.

VINGT-HUITIÈME LETTRE

Au même.

Malgré le chagrin que me donne votre paresse à me venir voir, je ne laisse pas, mon cher neveu, de vous supplier de vouloir bien être mon ambassadeur auprès de M. et de Mme de Belzunce et de M. le comte, sur la joie mêlée de douleurs que leur cause l'arrivée de M. de Castelmoron. Vous prendrez, s'il vous plaît, votre part au compliment. On ne peut être plus touchée que je ne l'ai été de voir ce cher marquis dans un tel état. J'ai vu sa blessure, malgré son opposition ; elle est terrible. Il faut cependant plutôt remercier Dieu de l'avoir conservé, que de s'affliger de lui voir une si cruelle marque d'honneur et de son courage dans ce malheureux combat. La manière dont il a été reçu à la cour et les louanges universelles qu'on lui donne ne lui rendent pas le mouvement de son bras, mais doivent flatter son noble cœur, qui doit être content de lui-même. Il nous reste l'espérance des bains pour sa guérison. Je ne l'ai vu qu'un moment, mais je compte le revoir à son retour de Baréges tout à loisir, et avec plus de joie et de consolation. S'il m'était possible de faire mon devoir dans cette occasion et de suivre les sentiments de mon cœur, toute la très-chère famille doit me faire la justice de croire que

je serais déjà à Born, pour entrer tendrement dans tout
ce que l'état de ce cher marquis vous fait sentir avec
raison. Mais il faut toujours revenir, comme vous le
savez, à la soumission aux ordres de la Providence,
quoiqu'ils nous paraissent durs, et que souvent ils bles-
sent les sentiments de nos cœurs. Vous vous plaindriez,
si je ne vous disais un mot de ma misérable santé, et je
ne veux certainement pas vous donner un sujet de me
faire des reproches ; mais vous serez fâché d'en apprendre de si tristes nouvelles. Il y a plus d'un mois que je
ne suis pas un instant sans une violente douleur de tête.
C'est là-dessus, mon cher neveu, que je n'ai aucune
peine à me soumettre. Je souffrirai sans répugnance
ce qu'il plaira à Dieu d'ordonner de mes tristes jours. Ils
ne finiront pas, j'espère, sans que j'aie la consolation
de vous embrasser et vous assurer que vous m'êtes cher
à l'égal de moi-même.

De Foix de Candale.

26 août 1705.

VINGT-NEUVIÈME LETTRE

Au même.

Je ne croirai jamais me tromper, mon cher grand vicaire, en comptant sur la tendresse de votre cœur pour moi. Je vous dis hardiment que vous me la devez, pour répondre à celle que j'ai pour vous. Je suis tous les jours accablée de visites sur mon état languissant et sur mes affaires devant M. le maréchal de Montrevel qui continue à me donner plus de satisfaction que je n'en demandais. Je vous avoue que, quoique mon cœur reçoive tous les empressements avec assez de sang-froid, il n'en a pas été tout à fait de même en cette circonstance. Je ne vous en dis pas les raisons, vous les savez. Au reste, mon cher neveu, je vous rends mille grâces de l'honneur que vous m'avez attiré, d'une lettre de M. d'Agen, la plus obligeante du monde. Il m'écrit que vous lui avez dit l'intérêt que je prends à sa santé. Le portrait que vous m'avez fait de lui, sa réputation et ses bontés pour vous m'y en font prendre plus que je ne saurais l'exprimer. Il me promet de passer par ici en allant à Saintes. Dieu seul sait le temps que j'ai encore à souffrir; je ne crois pas qu'il soit long. Je vous avais donné rendez-vous ici pour faire les Rois ensemble; M. l'évêque eût été tout édifié de cette débauche. Je vous souhaite bien des longues années et toute sorte de prospérités pour le ciel et pour la terre : j'espère tout du côté du ciel ; quant à la terre, si j'y pouvais contribuer du plus pur de mon sang, même de celui qui serait nécessaire pour prolonger mes jours, je n'en serais pas avare. Comptez là-dessus, mon très-cher neveu, et croyez que je vous aime plus que je ne saurais vous l'exprimer, ni vous, vous le persuader.

DE FOIX DE CANDALE.

19 janvier 1706.

TRENTIÈME LETTRE

Au même.

Ces adieux *incognito* ne sont pas du goût de ma tendresse pour mon cher grand vicaire. Mon cœur en est sensiblement affligé. Je voulais recevoir pour la dernière fois la bénédiction de M. d'Agen; je ne me vois pas, sans peine, privée de ce bonheur. J'ai terriblement grondé, et, malgré la dignité du directeur, j'ai failli à faire bonne part de mon chagrin à M. l'abbé de Campgrand ; mais sa sincérité à avouer qu'il avait été la cause que vous soyez partis sans me dire adieu, m'a fait offrir en silence ma peine au Seigneur. Je me suis consolée dans le beau temps dont votre cher et saint évêque a été favorisé. Je souhaite qu'il l'accompagne jusqu'à Agen, où il a bien besoin de se reposer et de soigner sa santé. Lorsque vous serez dans ce lieu de repos, je suis persuadée que vous me donnerez souvent de ses nouvelles et des vôtres, et que vous voudrez bien faire mon très-humble compliment de reconnaissance au Révérend Père et digne neveu de notre illustre évêque sur la bonté qu'il a eue de faire des vers sur un sujet qui ne peut être loué que par son antiquité. Cependant, mon cher neveu, je vous l'ai déjà demandé bien au long ; s'il vous est possible, donnez-moi un demi-jour avant votre départ de Sainte-Foi. Ne

remettez pas à l'été; le terme est long, je vous l'ai dit.
Assurez, s'il vous plaît, M. l'abbé que je m'estime heureuse de l'honneur de le connaître, que j'ai une parfaite
estime pour son mérite et une véritable joie de l'union
qui m'a paru entre vous. Je vous embrasse de tout mon
cœur.

DE FOIX DE CANDALE.

21 mai 1706.

TRENTE ET UNIÈME LETTRE

Au même.

Je ne saurais m'empêcher de vous dire, mon cher neveu, que, c'est bien inutilement et même fort mal à propos que dans mes derniers jours, j'aie de la peine à supporter ma surdité; elle me chagrine aujourd'hui bien plus qu'hier, parce qu'elle me prive du bonheur d'entendre ce soir le sermon de votre saint prélat. Je suis retenue ici par les oreilles, et non par quatre-vingt-huit ans commencés : je les aurais portés à Sainte-Foi avec vigueur, pour y recevoir quelque don du Saint-Esprit. Je m'imagine dans l'enchantement tous ses heureux auditeurs. Il n'est pas possible qu'il ne fasse quelque sincère conversion : on ne saurait résister à son éloquence et à l'ardeur de son zèle. J'entends que vous m'en disiez des nouvelles. M. l'abbé de Campgrand, ne craignant plus les orages, songe à se retirer mercredi. Ce n'est pas un sujet de joie ni de consolation pour moi. Il faut se soumettre à ce qui plaît à la Providence. J'aurais quelque douceur, si je pouvais espérer vous voir quelques heures avant votre retour à Agen. Pardonnez au désordre de ma lettre et à l'encre qui s'y trouve répandue. Vous offrirez l'assurance de mon profond respect à votre saint évêque, plus clair et net que je ne vous l'écris. Recevez les compliments du plus tranquille des hommes, de M. de Campgrand.

Toute à vous, le cher neveu de mon cœur.

DE FOIX DE CANDALE.

23 mai 1766.

TRENTE-DEUXIÈME LETTRE

A M^ce de Caumont de Lauzun, grande prieure de l'abbaye de Saintes.
(depuis abbesse de Roncerai, à Angers).

Vous sortez de votre sainte retraite, ma très-chère Germaine, l'esprit sans doute bien tranquille sur les choses de ce monde. Si je pouvais n'y être plus sensible, mes tristes jours couleraient plus doucement et seraient moins détrempés de chagrins, qui me font souvent, malgré moi, soupirer amèrement. Quoique toujours soumise à Dieu, j'ai de la peine à me voir l'abrégé de toutes les misères de la vieillesse. J'ai prié Mme l'abbesse de vous faire part de mes bonnes fortunes, sur les visites que j'ai reçues et que j'attribue à la pure curiosité de voir une fille de quatre-vingt-sept ans qui parle à peu près comme les personnes d'un peu de bon sens, mais qui d'ailleurs n'a guère plus de jambes que d'oreilles. Je suis cependant très-honorée et très-contente de ces nouvelles connaissances. Je sens que je m'affaiblis chaque jour, quoique je fasse de mon mieux pour me soutenir. Vous avez plus de part que personne à ma faiblesse de n'être pas impatiente de finir mes longues souffrances et de travailler au contraire à les prolonger. La pensée de la douleur que vous causera ma mort écarte quelquefois celle qui console mon esprit et mon cœur, c'est-à-dire la foi et l'espérance que j'ai en la miséricorde divine. Souvenez-vous, ma chère Germaine, que lorsqu'on a à compter sur une si grande vieillesse que la mienne, qui est de plus si infirme, on court risque de compter sans son hôte. J'assure notre très-chère nièce de ma très-tendre amitié pour elle. Toute à vous, ma très-chère Germaine.

DE FOIX DE CANDALE.

15 octobre 1705.

TRENTE-TROISIÈME LETTRE.

A la même.

Quelle joie pour vous, ma chère Germaine, d'avoir vu
toute la chère famille à la fois ! Il est vrai qu'elle aura
été traversée par l'état du cher marquis; mais après avoir
cru ne le revoir jamais, c'est une consolation pour nous
de le retrouver dans cet état. Je suis sûre que M. le chevalier de Castelmoron vous réjouira ; il ne me paraît pas
que la tristesse puisse subsister où il est. Profitez du peu
de temps que vous garderez notre cher abbé, et dans le
tête-à-tête que vous aurez avec lui, souvenez-vous de
moi. Il vous aura donné de ma part un gage précieux de
l'amitié du vicomte de Lauzun ; je ne m'en sépare pas
sans peine, car je suis incapable d'oublier jamais ce cher
Germain. Mon amitié n'est pas de même nature que celle
de la plupart des gens de ce siècle, qui sont empressés
par intérêt pendant la vie des personnes, et qui s'effor-
cent de les oublier dès qu'elles ne sont plus, sans que le
triste souvenir de leur ancienne tendresse trouble un
instant leur repos. Hélas! ma très-chère, que ces grandes
résignations que l'on affecte de montrer aux volontés de
Dieu sont souvent de faux masques, qui cachent l'in-
sensibilité et l'ingratitude du cœur! Comptez sur la tendresse du mien : je suis la personne du monde, sans nulle

exception, je ne dis pas qui vous honore et qui vous estime, cela vous est dû de la part de tous ceux qui vous connaissent, mais qui vous aime le plus tendrement. Votre amitié pour moi fait le bonheur de ma vie; je voudrais cependant pouvoir la diminuer, pour adoucir les peines qu'elle vous cause. N'est-il pas temps, ma chère Germaine, que vous commenciez à vous familiariser avec la pensée de ma mort? Notre longue séparation a été une espèce de mort, qui devrait vous avoir préparée à la véritable. C'est à tort que l'on croit que ma chapelle est la cause de mes maux. Je n'y vais que trois ou quatre fois le jour, et avec tant de précautions, que je crains de manquer au respect dû à l'adorable sacrement; mais Dieu connaît le fond de mon cœur. Je dois à sa divine présence chez moi et mon salut et ma vie, et jusqu'à mon dernier moment, j'augmenterai plutôt que de rien diminuer. Il est mon unique confident et ma seule consolation. M. le maréchal de Montrevel m'a rendu justice, et l'a accompagnée de tant de marques d'estime et de politesse que ma vanité en serait flattée, si je ne les regardais comme un effet de ses égards pour les personnes de mon sexe; il n'est pas de plus petit gentilhomme à lièvre qui voulût m'écrire dans des termes si respectueux. Soyez en repos pour ma santé, et conformez-vous à la volonté du Seigneur. Toute à vous.

DE FOIX DE CANDALE.

23 décembre 1705.

12

TRENTE-QUATRIÈME LETTRE.

À la même.

Vous serez persuadée sans peine, ma très chère Germaine, que je ne me sépare pas aisément d'une personne en qui j'ai une entière confiance pour le ciel et pour la terre. Il ne fut jamais homme plus indolent que M. de ***, il n'aime pas à parler. La conversation, en effet, est pénible avec une personne sourde comme moi. Tout y languit, tout y tombe. Il vous dira que je ne suis pas moins charmée que vous de votre saint serviteur; tout le monde doit en être fort content. La lecture de la méditation qu'il a ordonnée, me paraît fort utile pour les personnes qui ne veulent pas laisser aller leur esprit aux distractions et surtout nécessaire à celles qui n'ont pas toute la facilité désirable pour faire oraison. Ce prélat m'a paru très content de la communauté en général, mais il ne m'a parlé que de Mme l'abbesse et de vous, ma chère Germaine, et d'un air qui me faisait plaisir. Il est aussi fort édifié de notre chère nièce. Vous ne serez pas contente de ce qu'on vous dira de ma vieille personne; mais vous devez être satisfaite de mon cœur qui est tout à vous.

De Foix de Candale.

18 mai 1706.

TRENTE-CINQUIÈME LETTRE.

A Mme la vicomtesse de Ribérac.

Je remarque et j'éprouve aussi bien que vous, ma très chère Germaine, qu'il ne faut plus attendre que dissimulation et mauvais procédés des personnes avec lesquelles on a des affaires d'intérêt; et même, dans la société ordinaire, il est bon de se tenir toujours sur ses gardes : on dit souvent un mot, qui paraît lâché sans dessein, mais qu'on ne dit que pour faire parler, et donner ensuite un sens propre à nuire, aux paroles qu'on aura entendues. Si j'avais la joie de vous voir, je vous ferais avouer, ma chère Germaine, que vous devez me céder le triste avantage dans les ingratitudes affligeantes que nous avons éprouvées l'une et l'autre, mais Dieu me fait la grâce, après les premiers mouvements dont je ne suis pas la maîtresse, de mépriser tout ce qu'on prétend faire pour me chagriner. Il faut examiner à la rigueur, et sans se flatter, notre procédé pour le prochain, et lorsque, dans la droite justice, nous sommes convaincus que nous ne nous sommes pas attiré les peines qu'on nous suscite, il faut se mettre au-dessus du caprice de notre mauvaise étoile. Je me trouve très bien de m'être fait cette loi; j'avance beaucoup dans le pays de l'indifférence, pour bien des choses; mais surtout pour les personnes dont la conduite me prouve qu'elles en ont pour moi. Rien n'est plus chez moi en santé, que ma tête et mon cœur, qui me consolent de tout le reste. Ma tendresse pour vous n'a jamais diminué, et sera dans toute sa vigueur jusqu'à mon dernier soupir. Non, ma chère Germaine, vous ne concevrez jamais assez combien mon vieux et fidèle cœur est tout à vous.

DE FOIX DE CANDALE.

24 avril 1701.

TRENTE-SIXIÈME LETTRE

A la même.

J'avais un petit réservoir de chagrin dans mon cœur contre vous, qui n'a pu tenir contre la prière que mon incomparable ami, M. l'évêque de Tulles m'a faite de vous rendre sa lettre. Je la reçus hier au soir, et je vous l'envoie aujourd'hui. Avouez que c'est bien être sans rancune, et avoir le cœur selon l'Évangile. Adieu, ma très-chère Germaine, je m'en vais à la messe prier Dieu pour vous.

DE FOIX DE CANDALE.

11 octobre 1705.

TRENTE-SEPTIÈME LETTRE

A la même.

M. l'abbé de Campgrand m'a dit qu'il vous avait promis de repasser chez vous. C'est pour moi, ma chère Germaine, un bien sensible plaisir; car il vous dira des nouvelles que je suis bien aise que vous sachiez et qui vous surprendront assurément. A l'âge où je suis, on n'a à attendre que l'abandon de ses amis, le mépris et l'indifférence générale. Mais pour les amis et amies, je sais si bien et si vite m'en détacher, lorsqu'ils ont commencé les premiers, qu'ils ne doivent pas entrer en ligne de compte. J'ai pour le reste des sentiments qui, grâce à Dieu, sont fort chrétiens, et je m'en tiens là. Que ne puis-je endurcir mon cœur pour ce que j'aime trop tendrement! Voilà, ma très-chère Germaine, en peu de mots, une partie de mon intérieur. Je ne sais pas plus de nouvelles de Mme ***, que si elle était au Japon. Elle dormira longtemps pour moi, si elle attend que je la réveille. Pour ce qui est de mon sort, il dépend du souverain Maître ; j'espère me rendre sans peine à sa volonté. Jusque-là, ma chère Germaine, je serai autant, ou plus, à vous qu'à moi-même.

DE FOIX DE CANDALE.

27 mai 1706.

TRENTE-HUITIÈME LETTRE

A Mme la marquise de Belzunce.

Les jours sont beaux pour tout le monde, ma très-aimée Germaine, excepté pour moi ; ils ont perdu tout leur charme depuis que je n'ai plus l'honneur de vous voir et de vous entretenir : j'ai l'esprit si sombre, qu'à peine ai-je la force de dire une parole ; je ne serais pas dans cette sécheresse, si j'étais près de vous. Il me revient mille choses que j'ai oublié de vous dire, et il en est arrivé d'autres qui vous surprendraient également, si je pouvais vous en faire part avec ma franchise ordinaire, mais je n'ai que le temps de vous dire, ce que vous devez savoir par cœur, que je vous aime de toute mon âme, et que je suis plus à vous qu'à moi-même.

DE FOIX DE CANDALE.

TRENTE-NEUVIÈME LETTRE.

A la même.

Je commence ma lettre, ma très-chère Germaine, par
une grande et agréable nouvelle pour moi, c'est que j'ai
fait finir mon lit de sentences ; il est le plus joli du monde,
On voulait que j'y fisse mettre mes armes, comme s'il eût
été essentiel qu'on sût après ma mort qui a eu la pensée
d'un lit si dévot ! Je suis si mécontente de ce monde que
je regarde son estime comme peu de chose. En effet, on a
beau vivre dans les plus étroites règles de la vertu et de
la justice que nous apprennent ces sentences, il ne faut
qu'une âme noire et une mauvaise langue pour nous noir
cir au gré de sa malice. Et le siècle est si plein de cette
sorte de gens que je vous assure, ma très-aimée, que
pour établir son repos, sans qu'il dépende des autres, il
faut faire le bien parce que Dieu le commande, pour l'a-
mour de lui et de soi-même, et attendre de sa justice la
vengeance de nos ennemis. Voici, ma chère Germaine,
ce que j'ai fait mettre sur la porte de ma chambre, en dehors, et le cœur plein de cette pensée :

« L'innocence de la vie ne rend pas insensible à la
» calomnie : un bon cœur, au contraire, en est plus vi-
» vement pénétré qu'un autre ; mais il s'en relève aussi
» avec plus de force, par la confiance qu'il a en la sévère

» justice de Dieu contre les calomniateurs, et par la
» conscience de son innocence. »

Si j'avais l'honneur de vous entretenir dans votre cabinet, ou dans le mien, nous pousserions plus loin cette morale. J'avoue que je suis parfois si remplie de mépris pour les discours de mon prochain, que je crains de perdre par là, devant Dieu, le prix de mes souffrances. C'est vous parler comme à mon directeur. Je vous embrasse, ma très-chère Germaine, du plus tendre de mon cœur.

DE FOIX DE CANDALE.

QUARANTIÈME LETTRE.

A la même.

Vous devez être persuadée, ma chère Germaine, que je le suis autant qu'il se peut de l'honneur de votre amitié. Je puis dire que c'est de là que je tire ma consolation dans la plus triste vie qui puisse accabler une créature. Mon âge et mon malheureux état, de dépendre en toutes choses de la charité des autres, me dégoûtent si fort de la vie, que bien loin d'en demander la prolongation à Dieu, je vois avec peine les souhaits qu'on forme à ce sujet pour moi, quoique je les regarde comme une preuve d'amitié, surtout lorsque c'est vous qui les formez. Si je vous étais de quelque utilité, je sens bien que ma tendresse pour vous me donnerait d'autres sentiments; mais, hélas! la cruauté de mon sort m'a jetée dans un coin de terre trop éloigné de vous, pour pouvoir nous consoler mutuellement dans nos peines, qui augmentent par cette impossibilité. J'aurais dit fort sincèrement mes sentiments à M. de***, s'il fût venu ici, mais une pauvre vieille sourde est un vrai chasse-monde. J'ai tant d'équité contre moi-même, que je ne saurais en cela blâmer personne ni m'en plaindre. Il n'est rien de plus incommode que mon état, qui me fait aimer la solitude au-dessus de tout. J'y trouve mon compte dans le plaisir de ne contraindre personne, et je ne m'y ennuie pas. Je me console de tout par la lecture. En voilà assez ; je ne saurais cependant assez dire, au gré de mon cœur, combien tendrement il est à vous jusqu'au dernier soupir. Vous voulez bien que j'assure M. de Belzunce que je l'estime et l'aime très-cordialement.

DE FOIX DE CANDALE.

14 janvier 1701.

QUARANTE ET UNIÈME LETTRE

A la même.

Je suis tous les jours auprès de vous, ma très-aimée Germaine, à prendre part à votre joie et à vos tendres empressements pour l'aimable marquise de Castelmoron ; mais, par malheur pour moi, ce n'est que par la pensée que je vous rends ces régulières visites. S'il m'était possible de m'en acquitter selon mon cœur, je serais chez vous. Plus d'une raison m'en empêche ; la première, c'est que l'on n'est jamais si exposé à être tourné en ridicule qu'à l'âge où je suis, qui me condamne naturellement à garder le coin de mon feu. J'aurais eu peine à céder à cette raison, si je n'en avais une plus forte, c'est-à-dire l'usage que je fais en ce moment du lait d'ânesse, pour soutenir autant que possible la bonne santé que Dieu m'a donnée. J'espère que Mme de Castelmoron reprendra parfaitement la sienne avec le bon air de Born, et surtout avec le plaisir d'être auprès de vous, ma chère Germaine ; si je pouvais jouir de ce bonheur, je crois que je deviendrais immortelle. Il faut vous faire part de ma bonne fortune, qui vous surprendra autant que moi. J'ai eu

l'honneur de faire bénir une cloche avec M. le duc de La
Force [1]. Je ne connais pas seulement M. le curé de Mucidan, et je ne puis m'imaginer qui m'a attiré cet honneur;
il faut que ce soit par la haine sympathique que M. le
duc de La Force et moi avons pour la religion protestante. Quoi qu'il en soit, ma chère Germaine, je me tiens
extrêmement honorée de ce choix, et je suis très-obligée
à ceux qui l'ont inspiré à M. le curé de Mucidan. Je suis
accoutumée à vous rendre compte de mes bonnes fortunes
et de tous mes sentiments; il n'y a que ceux que j'ai pour
vous, que je ne puis jamais vous exprimer, au gré de
mon cœur. Vous pouvez y lire, sans vous mécontenter,
qu'il est autant à vous qu'à moi-même. Permettez-moi
d'assurer M. de Belzunce que j'entre dans la joie qu'il
ressent, comme le doit une tendre parente et bonne amie,
c'est tout dire. Je dois mille grâces à M. le comte de Belzunce; il n'appartient qu'à lui de faire les choses de si
bonne grâce et avec tant d'obligeance. Agréez, ma très-
chère Germaine, que je fasse mon compliment à Mlle de
Lalanne, et que je la félicite ici sur son mariage, puisqu'elle trouve dans M. le marquis de Montségur tout ce
qui peut rendre heureuse cette longue et formidable société, mérite personnel, bien et qualité distinguée. Je
vous trouve heureuse, ma chère Germaine, qu'elle ne
s'éloigne pas de vous. C'est une consolation bien douce,
d'avoir près de soi une personne si proche, en qui on

----

1. Henri Jacques de Caumont La Force, duc et pair de France, colonel d'un régiment, membre de l'Académie française, mort en 1726,
sans postérité de sa femme, Anne Marie de Beuzelin de Bosmélet.

prend confiance, et qui entre sincèrement dans nos sentiments de joie ou de chagrin. Plaignez par charité ceux
qui n'ont pas ce bonheur, et comptez sur le tendre attachement que je vous ai promis jusqu'à la fin de mes
jours.

DE FOIX DE CANDALE.

16 juin 1701.

QUARANTE-DEUXIÈME LETTRE

A la même.

Je pensais bien, ma très-aimée Germaine, que, dès que vous sauriez la perte que je viens de faire, vous en seriez affligée, par l'honneur que vous me faites de m'aimer sincèrement. Il me serait impossible de vous dire mon triste état. Je perds mon bon père à qui je devais la douceur de ma vie, et je le perds lorsqu'il m'était le plus nécessaire. Je passais mes jours dans l'indolence, pour tout ce qui s'appelle embarras d'affaires et conduite de maison. J'attendais l'heure inévitable de ma mort avec tranquillité. Mais, ma chère Germaine, je me soumets à l'ordre de la Providence, quelque rude et pesant qu'il me paraisse. C'est un vide dans ma maison qui m'épouvante. Je ne trouve rien dans ma raison que d'affligeant, et qui ne m'engage à une éternelle reconnaissance. A la mort de ma mère, je me trouvai mineure, sans bien, sans appui et accablée de dettes : il s'attacha à mon service, et il me laisse encore mineure à l'âge de quatre-vingt-cinq ans, mais avec cette différence que, par la grâce de Dieu, et la fidélité de ses soins, je ne dois rien à personne. Son fils est dans une désolation extrêmement touchante. L'effort qu'on voit qu'il fait sur lui-même, pour cacher sa douleur, perce le cœur. Je suis accablée de chagrin !

Dieu soit béni de tout ce qui lui plaît !

De Foix de Candale.

30 décembre 1703.

FIN.

NOTES

Note 1, page 1.

Parmi les grands hommes qu'elle a produits on distingue surtout :

Roger II et Raymond-Roger, braves soldats de la croix, qui se signalaient à la Terre-Sainte, l'un sous Godefroi de Bouillon, et l'autre sous Philippe-Auguste ;

Roger le *Grand*, prince éclairé, guerrier intrépide, allié fidèle, mais qui ternit sa gloire et empoisonna les derniers jours de sa vie par son zèle pour l'hérésie des Albigeois ;

Gaston IX, qui pendant dix ans servit Philippe de Valois de son bras, de son conseil et de sa fortune ;

Son fils Phœbus, prince-chevalier, beau, brave, religieux, libéral et magnifique, ami des arts, protecteur des savants et auteur lui-même fort distingué ;

Gaston le *Droiturier*, souverain bon, juste, pieux et vaillant, qui contribua puissamment à chasser les Anglais de la Guienne et à rendre cette belle province à Charles VII ;

Gaston de Foix, duc de Nemours, neveu de Louis XII ;

jeune héros de la plus grande espérance, commandant en chef
, l'armée française en Italie, à l'âge de vingt-trois ans; trois
fois vainqueur en quelques semaines, et tué à la bataille de
Ravenne au milieu de son triomphe, victime de sa bouillante
valeur et réputé déjà le plus grand capitaine de son siècle;

Enfin les cardinaux Pierre Ier, et Pierre II et François, archevêque de Toulouse, prélats recommandables par leurs vertus et leurs lumières, grands hommes d'État, habiles négocia-
teurs, et dont le dernier eut la gloire de former un diplomate
plus célèbre encore, le cardinal d'Ossat; c'est de ce dernier
qu'un grand pape disait que pour n'en être pas deviné, il fallait devant lui s'abstenir non-seulement de parler, mais même
de penser.

Mais de tous ces grands hommes, celui qui a obtenu la plus
grande place dans l'histoire et les chroniques, c'est Gaston III,
surnommé *Phœbus*. Ce prince reçut ce surnom à cause de sa
rare beauté, et prit un soleil pour devise. Il fut élevé dans les.
exercices de la chevalerie : « Il s'essayait à saillir tout armé
» sur son coursier; autrefois allait et courait longuement à
» pied pour s'accoutumer à avoir longue haleine et souffrir
» longuement le travail; puis s'essayait avec écuyers, à jeter
» la lance et autres exercices de guerre, et jà ne cessait. Ce
» n'est pas le tout, car il était grand clerc en fait de lettres,
» aimant les dons de ménétriers, et s'y connaissant, et faisant
» lui-même des vers. »

A peine âgé de quinze ans, à l'exemple de son valeureux
père, il alla guerroyer en Espagne contre les Maures, et y ac-
quit bientôt une brillante réputation de bravoure. Rentré
dans ses États, il s'allia à Agnès de Navarre, fille de Philippe III, roi de Navarre, et de Jeanne de France. Un amour
coupable, auquel il eut la faiblesse de se livrer, ternit sa
gloire, troubla son bonheur domestique, et amena une affreuse catastrophe, qui empoisonna cruellement les dernières

années de sa vie. La princesse Agnès, qui lui avait donné un héritier, dut abandonner le toit conjugal à une indigne rivale, et se retira à la cour de son frère Charles le Mauvais. Au bout de quelques années, son jeune fils, qui désirait vivement réconcilier ses augustes parents, obtint d'aller les voir. Le roi de Navarre, dont toutes les pensées étaient pour le crime, et qui se trouvait hors d'état de payer au comte de Foix, son beau-frère, une forte somme qu'il lui devait, forma à l'instant l'atroce projet de se défaire de lui de la main de son propre fils. Il fit donc à sa cour l'accueil le plus affectueux à son neveu, le retint dix jours pour le fêter et l'amuser, et le renvoya comblé de présents, et, entre autres, d'un sachet contenant une poudre qu'il lui présenta comme très-propre à rendre à son père l'amour qu'il avait cessé de ressentir pour sa mère. Le jeune prince crédule la reçut avec joie et empressement, et à peine de retour au château paternel il s'apprêtait déjà à la jeter dans la boisson de son père, lorsqu'on la surprit sur lui. On s'assura que cette poudre était un poison. Le comte de Foix, furieux, le fit aussitôt enfermer dans la tour du château, et assembla les États, qui lui laissèrent la vie sauve, mais le condamnèrent à la détention. L'infortuné jeune prince, cruellement blessé d'un si injuste soupçon, résista à tous les efforts qu'on fit pour l'obliger à prendre quelque nourriture, et se laissa mourir de faim dans sa prison. Le malheureux père en fut inconsolable, et ne cessa de le pleurer jusqu'au tombeau. Cet affreux malheur impressionna si vivement tout le pays, que dix ans après il n'y avait pas de chevalier qui osât en raconter les circonstances, « tant, dit Froissard, la matière était piteuse. »

Ce même historien nous donne dans la description suivante une haute idée du luxe, de la magnificence et de la courtoisie qui régnaient à la cour du noble comte :

« En cet État que je vous dis le comte de Foix vivait. Et

» quand dans sa chambre à mi-nuit venait pour souper en la
» salle, devant lui avait douze torches allumées, que douze
» varlets portaient et icelles douze torches étaient tenues
» devant sa table, qui donnaient grande clarté dans la salle,
» laquelle était remplie de chevaliers et de écuyers; et tou-
» jours étaient à foison tables dressées pour souper qui voulait
» souper. Nul ne parlait à lui à sa table si il ne l'appelait. Il
» mangeait par coutume foison de volaille, et en spécial les
» ailes et les cuisses seulement, et guère aussi ne buvait. Il
» prenait en toute ménestraudie (musique) grand ébatte-
» ment, car bien s'y connaissait. Il faisait devant lui ses
» clercs volontiers chanter chansons, rondeaux et virelais.
» Il était à table environ deux heures, aussi il véait volon-
» tiers étranges entremets, et iceux vus, tantôt les fesait en-
» voyer par les tables des chevaliers et des écuyers.

» Brièvement et ce tout considéré et avisé avant que je vinsse
» en sa cour, j'avais été en moult de cours de rois, de ducs,
» de princes, de comtes et de hautes dames; mais je n'en fus
» oncques en nulle qui mieux me plût ni qui fût sur le fait
» d'armes plus réjouie comme celle du comte de Foix était.
» On véait en la salle et ez chambres et en la cour chevaliers
» et écuyers d'honneur aller et marcher..... Toute honneur
» était là dedans trouvée. Nouvelles de quel royaume ni de
» quel pays que ce fût là dedans on y apportait; car de tout
» pays pour la vaillance du seigneur, elles y appleuvaient et
» venaient, etc., etc. »

Peu d'années avant sa mort, le comte de Foix put faire bril-
ler cette splendeur qu'il étalait. Charles VI lui en fournit l'occasion en l'honorant d'une visite dans son château de Mazères.
Il fut reçu et traité par son noble et puissant vassal avec un
appareil vraiment royal. Son séjour à Mazères ne fut qu'une
suite continuelle de repas somptueux et de fêtes magnifiques.

Cependant tant de luxe et de grandeur devait être surpassé encore, une soixantaine d'années plus tard, par un autre prince de la maison de Foix, Gaston de Foix, V^e du nom, infant de Navarre, dit prince de Viane, au festin qu'il donna en 1458 à Charles VII et à sa cour, à l'occasion de ses fiançailles avec la dernière fille de ce roi et de sa réception dans l'ordre de l'Étoile. En voici la curieuse description que nous lisons dans le *Théâtre d'Honneur* de Favyn, d'après la chronique manuscrite de Foix :

« Pour solemniser cette fête de chevalerie, le dit comte de
» Foix, logé à Saint-Julien-de-Tours, traita le roi, les princes
» et seigneurs principaux de la cour en festin magnifique, le-
» quel nous décrivons ici.

» Le prince Gaston fit le plus triomphant banquet qui fut vu
» auparavant. Dans la grande salle de Saint-Julien furent
» dressées douze tables, chacune ayant sept aunes de long et
» deux et demie de large. A la première table fut assis le roi
» et les premiers princes du sang, la reine et les filles de
» France. Les maîtres d'hôtel furent les comtes Gaston de
» Foix, de Dunois, de la Marche et le sénéchal de Normandie.

» Le premier service fut d'hypocras blanc et de rôties. Le
» deuxième service fut de grands pâtés de chapons à haute
» graisse, avec jambons de sangliers, et accompagnés de sept
» sortes de potages. Tous les services étaient en plats d'ar-
» gent, et fallait au dit service pour chacune table *cent qua-*
» *rante* plats d'argent.

» Le tiers service fut de rôti, où il y avait faisans, perdrix,
» conins, paons, butors, hérons, outardes, oisons, bécasses,
» cygnes, halebrauts, et toutes sortes d'oiseaux de rivières que
» l'on saurait penser. Au dit service il y avait pareillement des
» chevreaux sauvages, cerfs et plusieurs autres venaisons, et
» fallait au dit service pour chacune table *cent quarante* plats
» d'argent.

13.

» Après le dit service douze hommes portaient pour
» entremets un château à quatre belles tours aux quatre
» coins, bâti sur un rochèr : au milieu du château il y
» avait une grosse tour en forme de donjon, où il y avait
» quatre fenêtres, et à chacune d'icelles une belle demoiselle
» richement accoutrée; aux autres quatre tours étaient quatre
» jeunes enfants chantant devant la seigneurie. Et à parler à
» la vérité le dit entremets ressemblait un paradis terrestre :
» ez faite et pinacles des dites tours et donjon étaient les écus-
» sons, bannières de France richement peintes et blasonnées
» des couleurs et devises du roi septième et de l'ordre de l'É-
» toile, incarnat et blanc.

» Le quatrième service fut d'oiseaux tant grands que petits,
» et tout le service fut doré. En chacune table fallait cent
» quarante plats, comme à tous les autres services.

» Après celui service fut porté un entremets en forme d'une
» bête que l'on appelle tigre, et jetait la dite bête par subtil
» engin le feu par la gorge : portait à son col un bien riche
» collier où étaient pendues les armes et devises du roi riche-
» ment faites. Le dit entremets était porté par six hommes,
» chacun ayant un mandillot et cape faite à la sorte de Béarn,
» et dansaient devant les seigneurs et dames à la mode du dit
» pays, et croyez que ce ne fut pas sans rire; et fut cet entre-
» mets plus prisé que tous les autres, à cause de la danserie
» nouvelle.

» Le cinquième fut de tartes, darioles, plats de crème, oran-
» ges et citrons confits, et en chacune table y avait comme ci-
» dessus cent quarante plats.

« Après ledit service fut porté un entremets; c'était une
» grande montagne que portaient vingt et quatre hommes, En
» cette montagne y avait deux fontaines; de l'une sortait eau
» rose, et de l'autre eau musquée, donnant merveilleusement
» bonne odeur à toute la salle. Par autres quartiers de la

» montagne sortaient de petits conins vifs et plusieurs sortes
» de petits oiseaux. Dans le creux de la dite montagne étaient
» quatre petits garçons et une fille habillés en sauvages et
» sortaient par un trou du rocher, dansant par belle ordon-
» nance en musique devant le seigneur.

» Après cela le comte Gaston fit donner aux héraults et
» trompettes qui sonnaient tout au long du dîner deux cents
» écus *au soleil* et dix aunes de velours au roi d'armes de l'or-
» dre pour lui faire une robe.

» Le sixième service fut d'hypocras rouge, avec des oublies
» de plusieurs sortes. Après fut porté un mets d'un homme
» monté sur un cheval fait proprement et couvert de satin
» cramoisi, ouvré d'orfévrie, et dessus avait un chantre qui
» portait un jardinet fait de cire, où il y avait toutes sortes de
» fleurettes, et roses, et fut bien prisé par les dames là pré-
» sentes.

» Le septième service fut d'épiceries et de confitures, faites
» en façons de lions, cygnes, cerfs et autres sortes, et en cha-
» cune pièce étaient les armes et devises du roi.

» Après fut porté un paon vif dans un grand navire. Le
» paon portait à son col les armes de la reine de France. Tout
» à l'entour du vaisseau étaient des banderoles peintes aux
» armes de toutes les princesses et dames de la cour, qui en
» furent bien fières, de ce que le comte leur avait fait tant
» d'honneur.

» Au milieu de la salle était un échafaud, où il y avait un
» concert de bons chantres et de toutes sortes d'instruments
» qui rendaient une douce et mélodieuse harmonie.

» Après le banquet le comte de Foix fit crier une joute à
» tous venants, au dix-huitième jour suivant venant, aux ar-
» ticles et conditions accoutumées aux joutes et tournois. »

(Théâtre d'honneur, p. 571 et suiv.)

Note 2, page 9.

Antoine-Nompar de Caumont-Lauzun, duc de Lauzun, d'abord maréchal de camp et colonel général des dragons, puis capitaine des gardes du corps, lieutenant général et gouverneur du Berry, chevalier de l'ordre de la Jarretière, etc., etc. La passion violente qu'il inspira à Mlle de Montpensier, fille et héritière de Gaston d'Orléans, frère de Louis XIII, qu'il fut sur le point d'épouser, qu'il épousa même secrètement, selon la plupart des mémoires de l'époque, le fit tomber de l'insigne faveur dont il jouissait auprès de Louis XIV, dans la plus accablante disgrâce; et il dut aller expier dans une longue détention l'étrange ambition de devenir le cousin du grand roi. Il recouvra enfin la liberté, mais non ses bonnes grâces, malgré son courageux voyage en Angleterre et son beau dévouement pour les infortunés Stuarts. Il était l'un des trois frères de la mère de M. de Belzunce. Il mourut à Paris le 19 novembre 1723, à l'âge de près de quatre-vingt-onze ans, sans laisser d'enfants de son alliance avec Geneviève-Marie de Durfort, fille de Guz Aldonce de Durfort, duc de Lorges, maréchal de France, et de Geneviève de Frémont, et sœur de la duchesse de Saint-Simon, femme de l'auteur des *Mémoires*. Le duché de Lauzun passa à sa nièce Marie-Antonine de Bautrec de Nogent, fille de l'une de ses sœurs et mariée au maréchal duc de Biron, qu'elle rendit père de vingt-six enfants, et s'éteignit avec Armand-Louis de Gontaut, titré duc de Lauzun jusqu'en 1788, et depuis duc de Biron, qui périt le 31 décembre 1793, sur l'échafaud révolutionnaire, sans postérité de sa femme Amélie de Boufflers, fils du duc de Boufflers et de

Marie-Anne-Philippine de Montmorency. On sait combien l'infortuné duc de Biron déplora dans ses derniers moments la part qu'un mécontentement personnel contre la cour lui avait fait prendre d'abord à la Révolution. La maison de Caumont-Lauzun, qui s'éteignit à la mort du vieux duc de Lauzun et dont il augmenta l'illustration, était la branche cadette de l'ancienne et chevaleresque maison de Caumont, originaire de Gascogne. La branche aînée dite de La Force, et qui existe encore, a produit deux maréchaux de France, sept ducs et pairs, un grand maître de la garde-robe et plusieurs officiers généraux. Elle se continue de nos jours, et depuis 1755, par le rameau des seigneurs de Beauville, détaché de la souche, dit-on, depuis vers l'an 1500 et reconnu à cette époque.

Note 3, page 11.

Les trois frères de Mlle de Foix furent :

1° Jean-Baptiste Gaston de Foix, comte du Fleix, lieutenant général du gouvernement de Bourgogne, et gouverneur de Mâcon, tué au siége de Mardick, en 1646. Il avait épousé en 1637 Marie-Claire de Beaufremont, marquis de Senecez, première dame d'honneur de Marie-Anne d'Autriche, mère de Louis XIV, et fille héritière d'Henri de Beaufremont, marquis de Senecez, chevalier des Ordres, et de Marie-Catherine de la Rochefoucauld, comtesse de Randan, première dame d'honneur de la même reine, Anne d'Autriche, et gouvernante de Louis XIV durant son enfance. La comtesse mourut le 29 juillet 1680. C'est en sa considération et à celle de sa vertueuse mère, que la terre de Randan [1], en Auvergne, fut érigée en duché-pairie en 1661.

2º Henri de Foix, comte de Meilles, lieutenant général, tué sur le champ de bataille, en 1665, sans être marié.

3º Louis de Foix, également lieutenant général, et tué aussi sur le champ de bataille, l'année précédente, sans alliance.

Leur frère aîné, le comte de Foix, laissa deux fils :

1º Gaston-Jean-Baptiste de Foix de Candale, duc de Foix du Fleix, et de Randan, duc et pair de France, mort comme nous l'avons dit de la petite vérole, entre les bras de Bossuet, le 12 décembre 1665, à l'âge de vingt-sept ans. Il avait été précédé dans la tombe, deux ans auparavant, par sa femme Magdeleine-Charlotte d'Ailly d'Albert, fille de Henri-Louis, duc de Chaulnes, et il y fut suivi deux ans après par leur unique fille.

C'est de ce neveu que Mlle de Foix eut à se plaindre, et contre lequel elle se vit dans la douloureuse nécessité de plaider, à l'occasion de l'héritage du dernier duc d'Epernon.

2º Henri-François de Foix, qui, à la mort de la fille de son frère, hérita de son bien et de ses titres, chevalier des trois ordres du roi, et connu sous le nom de duc de Foix. Il mourut le 12 février 1744. Il s'était allié en 1674 à Marie-Charlotte de Roquelaure, fille de Jean-Baptiste, duc de Roquelaure, lieutenant général, chevalier des Ordres et gouverneur de la Guienne, et de Marie-Charlotte de Daillon de Lude, dont le père était le duc de Lude, grand maître de l'artillerie, cheva-

---

1. Cette grande et importante terre a été successivement possédée par des seigneurs de son nom et les familles de *Polygnac*, de *la Rochefoucauld*, de *Beaufremont*, de *Durfort*, *Lorges*, et *Choiseul Praslin*. Elle a été de nos jours achetée par Mlle d'Orléans, sœur du roi des Français, au père du dernier duc de Praslin, de si déplorable mémoire.

lier des Ordres, etc., etc. Il n'y eut pas d'enfants de cette alliance, et ainsi s'éteignit le grand nom de Foix.

Ce dernier duc de Foix chercha à faire oublier à sa sainte tante les injustes procédés de son frère, et ne cessa de lui prodiguer les témoignages de l'affection la plus tendre et la plus respectueuse.

Note 4, page 26.

La célèbre abbaye de Notre-Dame de Saintes, dont on ne voit plus que des ruines, dans un des faubourgs de cette ville, dit *des Dames*, avait été fondée sur les débris de l'ancien monastère de saint Pallais, évêque de l'Église de Saintes au vi^e siècle, en 1047, sous le règne de Henri Ier, roi de France, par Geoffroy II, du surnom de Martel, à cause de sa vaillance, comte d'Anjou et de la comtesse d'Anjou, Agnès de Bourgogne, et veuve en premières noces de Guillaume V dit le Grand, duc d'Aquitaine et comte de Poitou. Cette abbaye fut destinée à recevoir des religieuses de l'ordre de Saint-Benoît, et fut magnifiquement dotée en terres, églises, châteaux et fiefs, tant en Saintonge qu'en Anjou et en Poitou, avec le droit, retiré plus tard par nos rois, de battre monnaie, et celui de *haute justice* sur toutes ces riches et nombreuses donations. La cérémonie de la consécration de l'église eut lieu le 2 novembre de ladite année 1047, au milieu d'une nombreuse et imposante assemblée composée des pieux et augustes fondateurs, de seigneurs, et de barons, et d'évêques, et d'abbés qui ratifièrent l'acte de fondation.

On comptait parmi les seigneurs et barons :

Outre Guillaume, duc d'Aquitaine, Foulques de Bagazin, Aiméric de Rançon, Francois Capitolin, Léger de Tonnay-Charente, Albon de Tonnay-Boutonne, Pierre de Didonne, Gilbert de Montagne, Gombaud de Mornac, Arnauld de Cosnac, Geoffroy, frère du fondateur, Guillaume de Martais, Guillaume, vicomte Doney, Hugues de Lusignan, Ebles de Châtellellon, Guillaume de Parthenay, Améric de Rochechouard, François de Chamillac, Grassus de Chamillac, Gauthier de Tizon, Airaud, vicomte de Tours, Louis, prévot d'Angers, Foulques de Rochefort, Foulques, Geoffroy, Arnauld, Maisnard, ses fils Héli de Chalais, Héli de Jarnac et Foucauld de la Roche.

Les prélats et abbés furent : Archambaud, archevêque de Bordeaux ; Hugues, idem de Besançon ; Aymon, idem de Bourges ; Arnoux, évêque de Saintes ; Hugues, idem de Nevers ; Guillaume, idem d'Angoulême ; Géraud, idem de Périgueux ; Judique, idem de Nantes ; Jourdain, idem de Limoges ; Geoffroy, abbé de Saint-Jean d'Angély ; d'Azon, idem de Saint-Michel-en-l'Herm ; de Jean, idem de Luçon ; de Frédéric, idem de Saint-Florent ; de Bernard, idem de Saint-Pierre-de-Bourg ; d'Odéric idem de Sainte-Trinité de Vendôme ; d'Isembert, clerc de Poitiers, évêque nommé ; de Mangode ; d'Ingebaud, chantre de Saint-Hilaire ; de Bernard, diacre ; de Joustain, archidiacre d'Angers ; de Geoffroy, trésorier de Nevers ; de Maingode, trésorier de Besançon.

Deux ans plus tard, le saint pape Léon IX, qui venait de monter sur la chaire de saint Pierre, confirma par une bulle la nouvelle fondation. Dans la suite on y établit un chapitre de chanoines pour le service spirituel des religieuses. Elles suivirent toujours la règle de Saint-Benoît et vivaient sous la direction d'un visiteur apostolique. Leur nombre ne cessa d'être considérable, il s'éleva souvent à plus de cent, et pour la plupart appartenant à la noblesse. Depuis son origine jus-

qu'à sa destruction au commencement de la Révolution, cette
maison a eu trente-deux ou trente-trois abbesses, toutes issues des plus grandes familles du royaume, et plusieurs non
moins illustres par leur mérite et la sainteté de leur vie que
par leur naissance. Elle était dignement gouvernée par
Mme de Parabère, lorsqu'elle tomba sous la hache de l'impiété triomphante, avec tant de vénérables et précieux monuments, chers à la religion et à la société et érigés par la
piété de nos ancêtres.

Note 5, *page* 84.

Anne de Caumont-Lauzun, fille de Gabriel de Caumont-
Lauzun, comte de Lauzun, capitaine des cent gentilshommes
de la maison du roi, chevalier des Ordres et de Gabrielle de
Caumont La Force, unie en 1688 à Armand, marquis de Belzunce, baron de Gévaudan et de Born, sénéchal et gouverneur de l'Agenais et du Condomois, capitaine au régiment
royal, et morte le 6 octobre 1723, à l'âge de quatre-vingt-
un ans. Au jour de son mariage, son grand-oncle, le duc de
La Force, second maréchal de France de son nom, et qui devint son beau-père en épousant en secondes noces, et à un
âge très-avancé, la sœur de son mari, Louise de Belzunce,
lui donna la terre et le marquisat de Castelmoron en Agenais,
dont le nom servit désormais à distinguer cette branche de
la maison de Belzunce, et à qualifier ses aînés. Dieu fit la
grâce à la marquise de Belzunce, dès les premières années de
son mariage, d'abjurer le protestantisme, dans lequel elle
avait été élevée chez sa tante et marraine la maréchale de

Turenne, et elle s'en montra digne le reste de ses jours, par une admirable piété et la pratique constante des plus hautes vertus. Il lui donna aussi la consolation d'avoir des enfants dignes d'elle et de leur noble race. Ils furent au nombre de cinq, savoir :

1º Arnauld de Belzunce, marquis de Castelmoron, brigadier des armées, commandant en Flandre, en 1712, les gendarmes de la maison du roi, et mort de ses blessures la même année, avec la réputation des officiers les plus braves et les plus distingués de l'armée.

2º Henri-François-Xavier de Belzunce de Castelmoron, né le 3 décembre 1671, d'abord jésuite, ensuite grand-vicaire d'Agen, et abbé de Chambons, élevé sur le siége de Marseille en 1709, nommé en 1723 au duché-pairie de Laon, qu'il refusa, ainsi que l'archevêché de Bordeaux qui lui fut aussi proposé, à la suite de son héroïque dévouement pendant la cruelle peste qui ravagea en 1720 sa ville épiscopale et la Provence. Son nom vola dès lors dans toute l'Europe, et il n'est encore prononcé qu'avec amour et attendrissement. A cet admirable dévouement il joignit les plus éminentes vertus et la gloire d'une administration pleine de sagesse et de fermeté. Entouré d'hommages et de la vénération publique, il reçut, de plus, de tous les souverains pontifes de son époque les témoignages les plus signalés d'estime et d'affection. Clément XI lui adressa les brefs les plus flatteurs, son portrait, le corps du martyr saint Clément, du blé pour son peuple, et une particule de la vraie croix, enchâssée dans une croix d'or, enrichie d'émeraudes; Benoît XIII le nommait le *saint évêque* de Marseille, et adhérait d'avance à ses décisions; Clément XII, par une distinction toute particulière, l'honora du *pallium;* enfin le grand pontife Benoît XIV le proclama *sa joie et sa couronne, ainsi que la gloire et le modèle des pasteurs de toutes les églises.*

Ce grand et saint prélat s'endormit du sommeil des justes,

le 4 juin 1755, à l'âge de quatre-vingt-quatre ans. Il fut donné à sa vénérable mère de jouir de sa gloire ; au moment où elle achevait sa longue et pénible carrière, le monde entier retentissait du nom de l'immortel évêque de Marseille, et elle s'éteignit au milieu du concert universel d'admiration et de louanges qu'excitait le souvenir si récent de son dévouement sublime.

3° Charles-Gabriel de Belzunce, marquis de Castelmoron et de Belzunce, lieutenant général et gouverneur de l'Agenais et du Condomois, qui joignit aux brillantes qualités du guerrier toutes les vertus du chrétien et de l'homme privé. Il s'allia en 1715 à Cécile-Geneviève de Fontanieu, et un fils, fruit de cette union, continua la descendance et fit entrer dans sa maison la dignité de grand louvetier de France.

4° Antonin de Belzunce, chevalier de Castelmoron, capitaine de vaisseau, officier de grande espérance et d'avenir, mort jeune et sans alliance, à Saintes, en 1712.

5° Enfin Anne-Marie-Louise de Belzunce, d'abord grande prieure de l'abbaye de Saintes, et ensuite abbesse de la noble et royale abbaye de Roncerai, à Angers, et qui édifia ces deux saintes maisons par sa régularité, ses rares vertus et sa sage administration.

Avant l'illustre évêque de Marseille, les nobles dévouements étaient déjà connus de la maison de Belzunce qui, d'ailleurs, par son origine chevaleresque, ses dignités, ses services et ses alliances, occupe un rang si distingué parmi les plus grandes familles de France. Trois siècles avant lui, d'après une tradition fidèlement conservée et le témoignage des annales de la ville de Bayonne, un généreux chevalier de son nom, Armand-Gaston de Belzunce, osa seul, au milieu de la terreur générale, marcher contre une bête énorme vomie par la mer, et qui faisait d'affreux ravages aux portes de la ville ; le monstre tomba sous ses coups, mais il l'écrasa de son poids, et le valeureux chevalier fut enseveli dans son triomphe. La frayeur, l'imagination et la crédulité publique ont bien pu dénaturer ce mémorable événement, et ajouter des fictions à la vérité ; mais le fait lui-même paraît incontestable, et acquis à l'histoire; non-seulement il est consigné dans les archives de la ville, mais encore une foule d'autres monuments le consacrent, et repoussent tout doute; ainsi l'évêque et le chapitre de Bayonne, en reconnaissance d'un bienfait si signalé, cédèrent à la famille du brave chevalier le château de Lessague avec la dîme de ce lieu, théâtre du combat, dîme dont elle a joui jusqu'à la suppression des droits féodaux. La commune de son côté lui offrit trois maisons en ville, avec franchise de tous droits d'entrée, et le titre de premier bourgeois de Bayonne, priviléges qu'elle a également conservés jusqu'à 1790. Un tombeau fut érigé au digne chevalier, que l'on voyait au couvent des dominicains de cette ville, avant la Révolution, avec fondation d'un anniversaire perpétuel pour le repos de son âme, et la peau du monstre qui existait encore vers le milieu du XVIIe siècle était appendue à la chapelle qui contenait le monument funèbre ; le lieu où périt ce monstre prit le surnom d'Irube qui signifie, en basque, à trois têtes, pour rappeler les trois têtes qu'on lui supposait ; enfin la famille de Belzunce ajouta immédiatement, avec l'autorisation royale, un dragon ailé et trois têtes dans l'écusson de ses armes. Encore un coup, des monuments si nombrueux nous semblent établir la preuve irrécusable que l'héroïque chevalier a rendu à son pays, au prix de sa vie, un de ces grands et périlleux services qui couvrent une race tout entière de la gloire la plus pure, et éternisent la gratitude des peuples.

Note 6, page 85.

Voici ce qu'un auteur moderne d'une imposante autorité,
Mgr Frayssinous, dont le noble caractère et la modération
égalaient la haute intelligence et les vastes connaissances,
disait de la révocation de l'édit de Nantes, dans une de ses
célèbres conférences.

« Et prenons garde d'abord d'accuser trop légèrement le
» grand roi d'un farouche despotisme, et n'allons pas lui faire
» un crime d'avoir régné dans des circonstances et sous l'in-
» fluence d'opinions alors dominantes qui étaient bien loin
» d'être les nôtres.

» Les longues et sanglantes guerres de religion étaient en-
» core vivement présentes à tous les esprits, et le souvenir
» des maux passés invitait à prendre des mesures pour en
» prévenir le retour. »

« Je ne m'attacherai, dit à ce sujet l'auguste élève de Fé-
» nelon, le duc de Bourgogne, je ne m'attacherai pas à con-
» sidérer les maux que l'hérésie a faits en Allemagne, dans
» les royaumes d'Angleterre, d'Écosse et d'Irlande, dans les
» Provinces-Unies et ailleurs ; c'est du royaume seul dont il
» est question ; je ne rappellerai pas même dans le détail cette
» chaîne de désordres consignés dans tant de monuments
» authentiques, ces assemblées secrètes, ces serments d'asso-
» ciation, ces ligues avec l'étranger, ces refus de payer les
» tailles, ces pillages des deniers publics, ces menaces sédi-
» tieuses, ces conjurations ouvertes, ces guerres opiniâtres,
» ces sacs de villes, ces incendies, ces massacres réfléchis, ces

» attentats contre les rois, ces sacriléges multipliés jusque-là
» inouïs ; il me suffit de dire que depuis François Ier jusqu'à
» nos jours, c'est-à-dire sous sept règnes différents, tous ces
» maux et d'autres encore ont désolé le royaume avec plus ou
» moins de fureur. Voilà le fait historique, que l'on peut char-
» ger de divers incidents, mais que l'on ne peut contester
» substantiellement, ni révoquer en doute; et c'est ce point
» capital qu'il faut envisager dans l'examen politique de cette
» affaire. » (*Vie du duc de Bourgogne. Mém. sur la révocation
de l'édit de Nantes.*)

Plein de ces pensées, le gouvernement s'occupait depuis
longtemps à miner insensiblement un parti redoutable qui
avait porté l'audace jusqu'à vouloir former un état républicain
au milieu même de la France. « Les arrêts et les édits se suc-
cédaient rapidement » dit l'illustre historien de la vie de Bossuet; on pensait alors que les édits précédents de tolérance
et de pacification n'étaient pas des traités d'alliance, mais des
ordonnances faites par les rois pour l'utilité publique, et sujets
à révocation lorsque le bien de l'État le demande. Tel était le
sentiment du docteur Arnauld, et, ce qui est plus remarquable, de Grotius lui-même : « Le gouvernement français
» paraissait suivre le même système politique que les gouver-
» nements protestants avaient mis depuis longtemps à exécu-
» tion contre leurs sujets catholiques, et même en compaarnt
» leur code pénal avec celui de la France, il serait facile de
» prouver qu'il sera plus indulgent et plus tolérant. » (*Histoire
de Bossuet.*)

Il était fidèle depuis quinze ans à cette marche progressive,
et rien n'annonçait l'abolition entière de l'édit de Nantes,
lorsque des complots alarmants, qui éclatèrent en 1683, la
firent mettre en délibération. Les protestants du Poitou, de
la Saintonge, de la Guienne, du Languedoc, des Cévennes,
du Vivarais et du Dauphiné, formèrent un projet général d'u-

nion pour relever les temples qui avaient été démolis, et re-
conquérir les priviléges dont ils avaient été dépouillés. L'é-
tendard de la révolte fut arboré dans quelques-unes de ces
provinces, et des troupes furent mises sur pied pour les contenir. Cette affaire devint l'objet plus habituel des pensées du
roi et de ses conseils. Enfin l'édit fut révoqué.

« L'opinion générale paraissait alors tellement consacrer la
» sagesse de cette mesure, que Louis XIV reçut les félicitations
» de tous les ordres du royaume. Tous les parlements s'em-
» pressaient d'enregistrer un édit qu'ils avaient prévenu eux-
» mêmes par une multitude d'arrêts particuliers, dont l'édit de
» révocation ne semblait être que la sanction générale. Les
» inscriptions qu'on lisait encore il y a vingt-cinq ans au pied
» de la statue de Louis XIV, à la place Vendôme et à l'Hôtel-
» de-Ville de Paris, paraissent n'avoir été, par leur conformité
» avec ce qui nous reste des mémoires contemporains, que
» l'expression sincère de l'opinion publique. » (*Histoire de
Bossuet*, par le cardinal de Beausset, tome IV.) Et c'est avec
raison qu'un auteur qui n'est pas suspect, disait en 1789, que
Louis XIV n'avait fait que céder au vœu général de la nation.

On avait cru trop aisément que les uns seraient contenus
par la crainte, et que les autres seraient gagnés par la persuasion ; la résistance armée des protestants fit voir qu'on
s'était trompé ; elle amena des mesures de rigueur qui n'entraient que trop dans le caractère violent de Louvois, et l'on
ne peut que gémir sur les excès déplorables commis des deux
côtés.

« Enfin la paix de Riswick vint rendre le calme à la France
» et permit au gouvernement de s'occuper du sort des protes-
» tants. Le marquis de Louvois, le plus ardent promoteur des
» mesures de rigueur, n'existait plus, et Louis XIV était tou-
» jours disposé à accueillir tous les moyens de douceur et de
» raison qui étaient conformes à sa modération et à son

» équité naturelles. Les cris de tant de victimes innocentes ou
» coupables avaient retenti jusqu'à son âme sensible et géné-
» reuse. La religion même s'était indignée de l'abus criminel
» qu'on avait osé faire de son nom et de son autorité contre
» ses intentions bien connues et souvent exprimées. Le car-
» dinal de Noailles, qui était également opposé par caractère
» et par principes à ce qui pouvait ressembler à la contrainte
» et à la violence; Bossuet, qui n'avait jamais voulu employer
» que les armes de la science et les moyens d'instruction,
» firent prévaloir peu à peu les conseils de la douceur et de la
» modération. Ils furent heureusement secondés par les insi-
» nuations encore plus persuasives de Mme de Maintenon que
» la piété naturelle à son sexe et une raison douce et calme
» rendaient toujours accessible à des maximes avouées par la
» religion comme par l'humanité. » (*Hist. de Bossuet*, t. IV.)

En exilant les ministres, Louis XIV avait défendu aux sectateurs de leur communion de quitter la France; mais l'émi-
gration des pasteurs entraina celle d'une partie de leur troupeau.

« Basnage, écrivain protestant, porte à trois ou quatre cent
» mille le nombre des protestants réfugiés. Cette seule énon-
» ciation de *trois* ou *quatre cent mille* dans une pareille ma-
» tière est faite pour inspirer de la méfiance à un critique ju-
» dicieux. La Martinière, également protestant, réduit le
» nombre à 300,000. Larrey, aussi protestant, le réduit à
» 200,000 : et l'historien protestant de la révocation de l'édit
» de Nantes, Benoit, s'arrête aussi à 200,000. On sent qu'il
» est permis de conserver au moins des doutes sur des calculs
» aussi vagues, lorsqu'on voit des écrivains de la même com-
» munion, placés à l'époque même des événements, différer
» de 400,000 à 200,000, sans donner à leur évaluation des
» bases qui puissent en garantir la certitude. » (*Hist. de Bossuet*, tome IV.)

Écoutons le duc de Bourgogne, qui avait fait d'exactes recherches sur cette matière : « On a exagéré infiniment le
» nombre des huguenots qui sortirent du royaume à cette
» occasion, et cela devait être ainsi. Comme les intéressés sont
» les seuls qui parlent et qui crient, ils affirment tout ce qui
» leur plaît. Un ministre qui voyait son troupeau dispersé,
» publiait qu'il avait passé chez l'étranger ; un chef de manu-
» facture qui avait perdu deux ouvriers, faisait son calcul,
» comme si tous les fabricants du royaume avaient fait la
» même perte que lui. Dix ouvriers sortis d'une ville où ils
» avaient leurs connaissances et leurs amis, faisaient croire,
» par le bruit de leur fuite, que la ville allait manquer de bras
» pour ses ateliers. Ce qu'il y a de surprenant, c'est que plu-
» sieurs maîtres de requêtes, dans les instructions qu'ils m'a-
» dressèrent sur leurs généralités, adoptèrent ces bruits popu-
» laires, et annoncèrent par là combien ils étaient instruits
» de ce qui devait les occuper ; aussi leur rapport se trouvait-
» il contredit par d'autres, et démontré faux par sa vérifica-
» tion faite en plusieurs endroits. Quand le nombre des hu-
» guenots qui sortirent de France à cette époque, monterait,
» selon le calcul le plus exagéré, à soixante-sept mille sept
» cent trente-deux personnes, il ne devrait pas se trouver
» parmi ce nombre, qui comprenait tous les âges et tous les
» sexes, assez d'hommes utiles pour laisser un grand vide
» dans les campagnes et dans les ateliers, et pour influer sur
» le royaume entier. Il est certain d'ailleurs que ce vide ne
» dut jamais être plus sensible qu'au moment où il se fit ; et
» l'on ne s'en aperçut pas alors, et l'on s'en plaint aujour-
» d'hui!... Il faut donc chercher une autre cause ; elle existe
» en effet, et si l'on veut la savoir, c'est la guerre. Quant à la
» retraite des huguenots, elle coûta moins d'hommes utiles à
» la France, que ne lui en enlevait une seule année de guerre
» civile.» (*Vie du duc de Bourgogne*, t. II.)

S'il fallait écouter certains déclamateurs, on croirait que les richesses et les prospérités avaient fui la France avec les protestants réfugiés ; et cependant, je le demande, le commerce et l'industrie ont-ils cessé de prendre des accroissements? Dans le cours du XVIIIe siècle, n'a-t-on pas vu se multiplier de toutes parts les étoffes précieuses, les meubles superbes, les tableaux des grands maîtres, les maisons richement décorées?

A l'époque de la révocation, notre commerce, à peine sorti des mains de Colbert, son créateur, était encore dans l'enfance. Que pouvions-nous apprendre à nos rivaux de qui nous avions tout appris? L'Angleterre, la Hollande, l'Italie nous avaient devancés dans la carrière ; les manufactures de Louviers et de Sedan ont eu leurs modèles chez nos voisins. Le nom seul d'un très-grand nombre de nos fabrications rappelle Londres, Florence, Naples, Turin, et recèle ainsi une origine étrangère.

La Prusse est presque le seul État où les réfugiés aient fait des établissements considérables ; Brême, Hambourg, Lubeck et plusieurs autres villes n'étaient-elles pas riches et puissantes avant toutes les émigrations? On voit ici avec quelle légèreté Voltaire et ses copistes ont avancé que jusque-là le Nord n'était qu'un pays agreste.

Sans doute le clergé put bien, avec le reste de la France, applaudir à une mesure qu'on regardait comme dictée par une sage politique; mais on peut dire que s'il est entré pour quelque chose dans les sanglants et réciproques excès qui en ont souillé l'exécution, ce ne fut que pour en être la victime, ou pour les adoucir. (*Défense du Christianisme,* t. III, p. 376 et suiv.)

FIN DES NOTES.

TABLE DES MATIÈRES

FIN DE LA TABLE.

IMPRIMERIE L. TOINON ET Ce, A SAINT-GERMAIN.

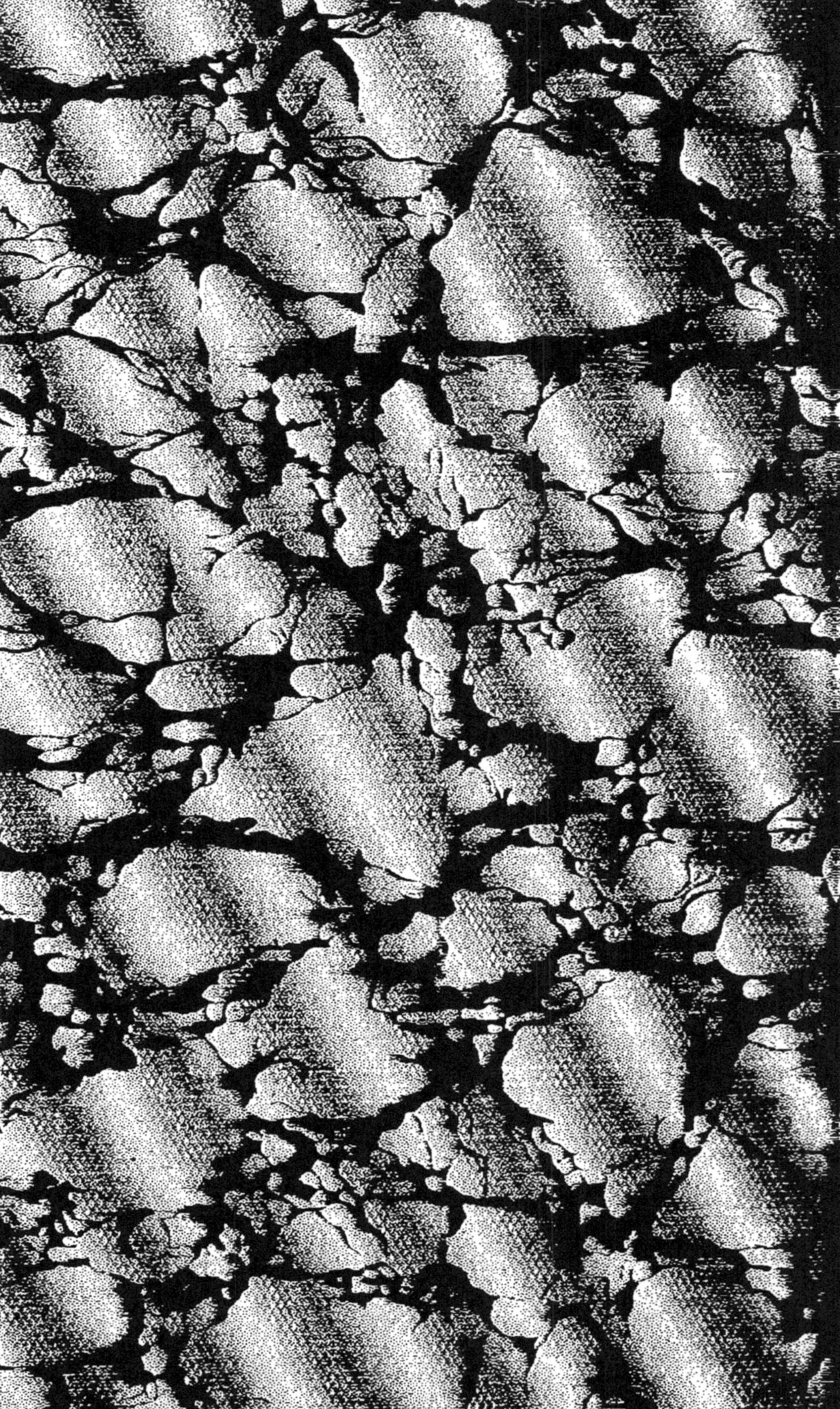

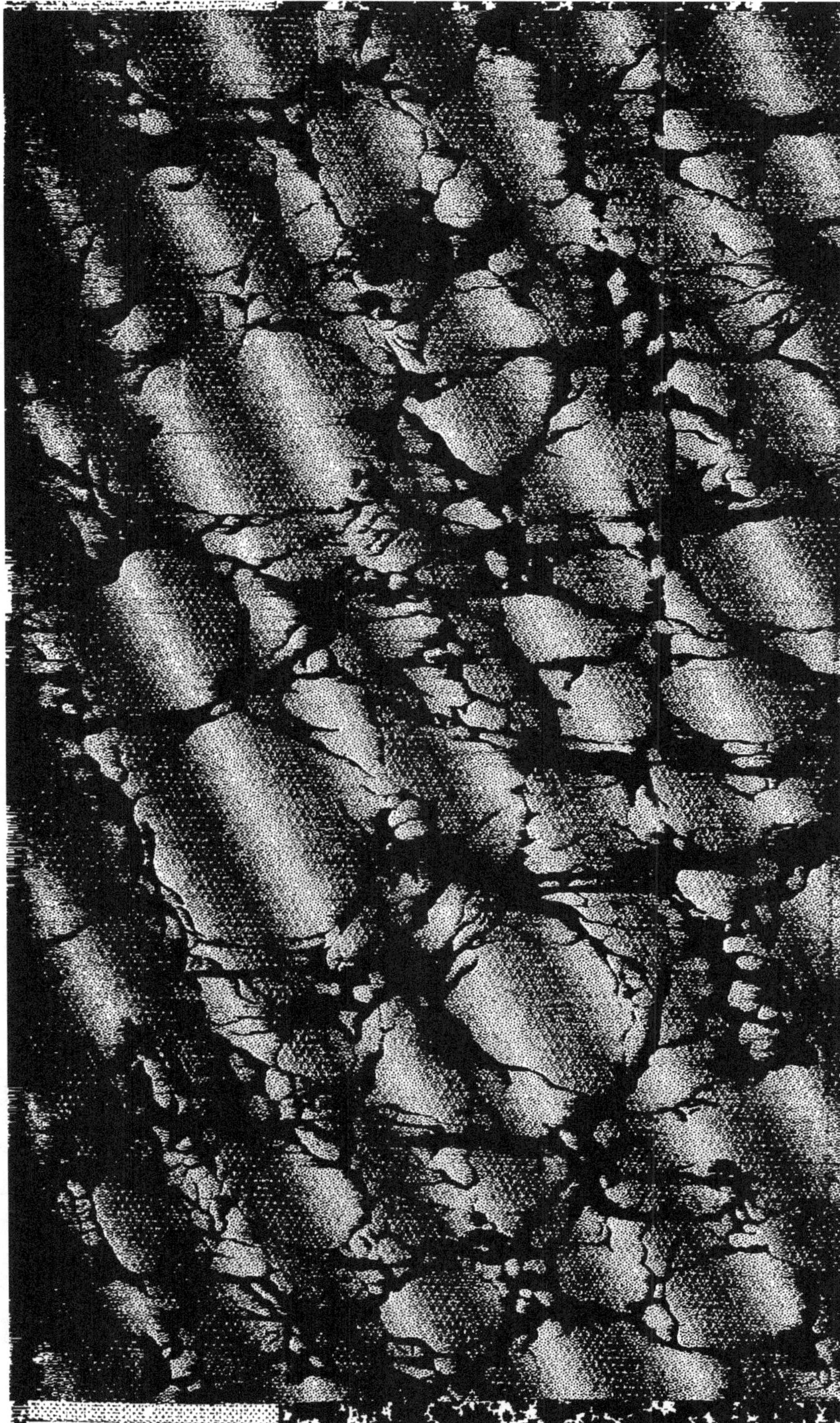

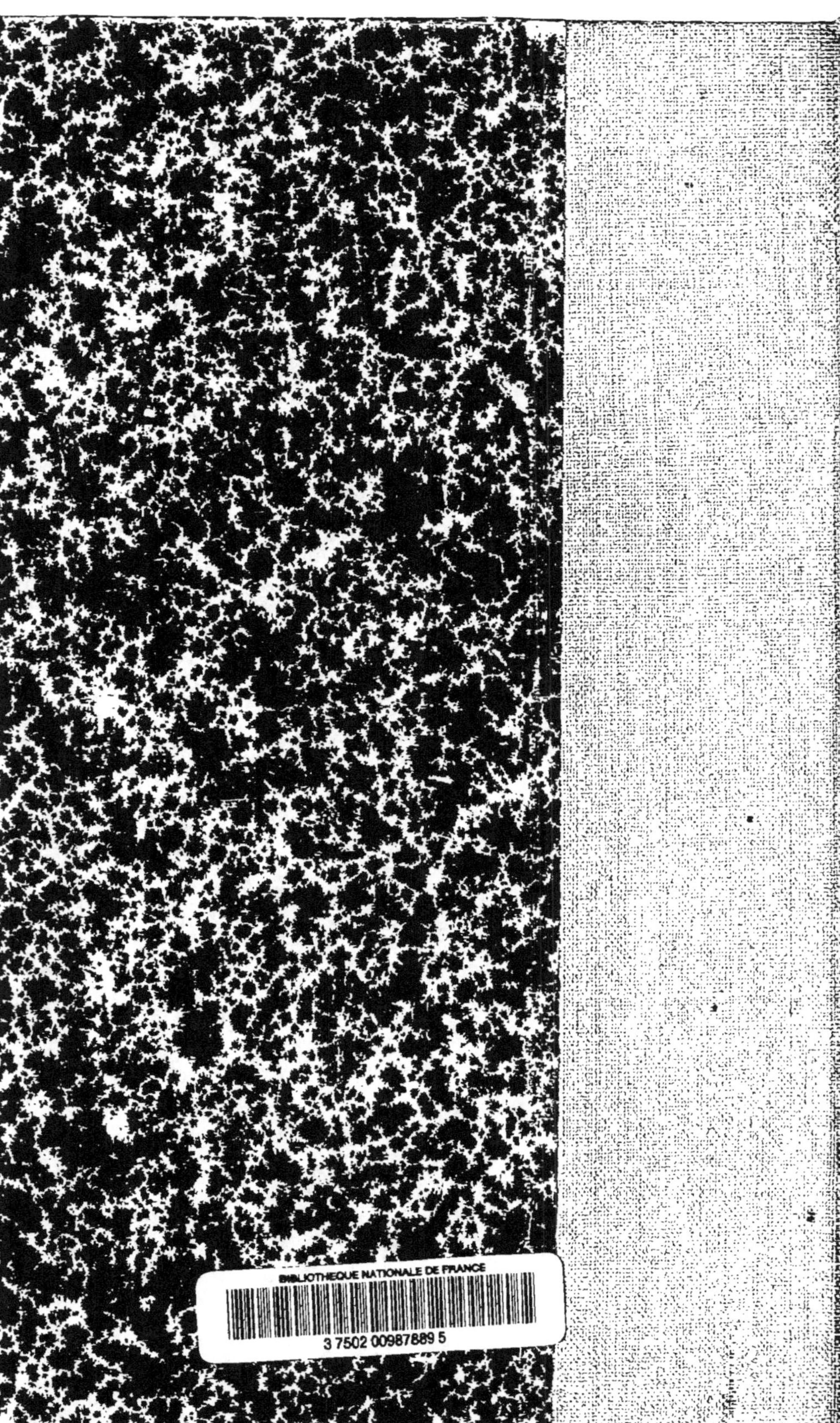